Ane Trümpelmann

Von den Untiefen
der menschlichen Seele

Ane Trümpelmann

Von den Untiefen
der menschlichen Seele

Gedankengänge. Aphorismen.

Bibliografische Information der Deutschen Nationalbibliothek:
Die Deutsche Nationalbibliothek verzeichnet diese Publikation in der
Deutschen Nationalbibliografie; detaillierte bibliografische Daten sind
im Internet über dnb.dnb.de abrufbar.

2., überarbeitete und erweiterte Auflage

© 2025 Ane Trümpelmann   (www.ane-true.de)

Umschlagabbildung: © Katja Hogh
                      (www.edenarts.de / instagram.com/katja.edenarts)
Buchgestaltung: Thomas Breier
                      (www.thomas-breier.de)

Verlag: BoD · Books on Demand GmbH,
          Überseering 33, 22297 Hamburg, bod@bod.de
Druck: Libri Plureos GmbH,
          Friedensallee 273, 22763 Hamburg

ISBN   978-3-7693-5758-5

Für meine Kinder
Elias, May, Manuel und Raphael

INHALT

LIEBE LESER UND LESERINNEN –

Jeder Mensch hat bekanntlich seine eigene Welt im Kopf. Mit diesem Buch nun halten Sie einen Auszug aus meiner Gedankenwelt in Händen.

Das vorliegende Werk ist als Lese- und Arbeitsbuch für alle Lebenslagen gedacht. Ich hoffe, es ist mir gelungen, Ihnen an jeder gerade aufgeschlagenen Stelle etwas genau Passendes, etwas Einfühlsames, Spannendes, Erschütterndes, Fragwürdiges, Nachdenkliches oder mindestens Interessantes anzubieten.

Der Band möchte nicht einfach nur anderthalb Zentimeter Platz in ihrem Bücherschrank belegen. Viel lieber möchte er langsam in ihrer Handtasche zerfleddern oder unter dem Kopfkissen zerknautscht werden. Oder hin und wieder mit Ihnen Momente auf dem „stillen Örtchen" teilen...

Ich hoffe, dass Sie bei der Lektüre hier und da einige Antworten finden. Womöglich werden Sie aber vor allem noch viel mehr neue Fragen, Vorstellungen und Ideen entdecken, die zu überdenken und bewegen sich lohnen könnten.

Alle Texte sind durch mein bewegtes Leben geprägt, und es ist mein erklärter Wunsch, den Menschen, denen es im Angesicht der Wirrungen und Herausforderungen ihrer individuellen Lebensumstände die eigene Sprache verschlagen hat, Worte für die Seele zu schenken. Dadurch kommen im Textverlauf auch einige schwerere Themen auf, wie zum Beispiel Liebeskummer, Einsamkeit, Trauer oder Fragen an das Sein, an die Gesellschaft und an den Tod.

Darüber hinaus enthält das Werk eine ganze Palette von Lebens- und Religionsphilosophien, die eine mögliche Antwort auf die Frage nach dem „Sinn und Sein des Lebens" aus meinem Blickwinkel bieten möchten. Lassen Sie sich also dazu inspirieren, eigene Antworten zu suchen und hoffentlich zu finden!

Wenn durch dieses Buch das menschliche Zusammenleben auch nur einen Hauch verständnisvoller und friedlicher würde, die Fähigkeit zur Liebe zarte neue Blättchen an ihrem „Lebensbaum" frisch ergrünen ließe, und Sie *zu guter Letzt* eine tiefere Aussöhnung mit sich selbst und mit ihrem Leben fänden, wären all meine Hoffnungen und Träume erfüllt!

Alles Gute auf Ihrem Lebensweg und: nur Mut!

Ane Trümpelmann

ICH UND ICH –
WER WEISS SCHON,
WER WIR SIND

Jeder macht Jedem
einmal das Leben
zur „Hölle auf Erden".
Einfach,
weil man
auch denkt
auch will
auch fühlt –
was auch immer.

LIEBE DICH SELBST!

Liebe dich selbst.
Ich dachte immer
"Erkenne dich selbst"
sei die Maxime aller Wahrheit
und der beste Weg des (Lebens-)Glücks.

Mag sein,
dass der liebe Gott
ganz andere Absichten
mit mir
und Ansichten
über mich hat.

Liebe dich selbst!
Ist das die Aufgabe,
an der ich in meinem Leben
tatsächlich scheitern könnte?

Ich frage mich schon,
wie konnte es nur so weit kommen?
Dass ich davon
so weit entfernt bin.

Liebe dich selbst,
und erkenne dich selbst.
Als das, was du wirklich bist.
Nicht als das,
was andere
aus dir gemacht haben!

Liebe dich selbst!

Manchmal ist das Leben schön.
Dann bin ich dankbar
für jeden Augenblick.

Manchmal ist das Leben hart.
Dann ist das meine
Schule des Lernens.

Manchmal ist das Leben traurig.
Dann bin ich ein Meer
voller Fragen und Vorwürfe.

Manchmal ist das Leben ungerecht.
Dann ist das der Weg,
der meinen Charakter schult.

Manchmal ist das Leben überraschend.
Dann ist das meine Chance
zu leben!

Immer, und nicht nur manchmal
ist mein Leben mein Leben
und der einzige Versuch,
den ich habe.

Ich kann so sein,
weil Andere anders sind.

Jeder Charakterzug,
auf sich allein gestellt,
wäre ein ernstzunehmendes Problem.

In der mannigfaltigen
menschlichen und
schöpferischen Vielfalt
liegt das Vermögen begründet
dass wir leben
und Leben überhaupt nur möglich ist.

Erst indem der Andere
anders ist als ich,
ist es möglich
„Ich" zu sein.

Ich habe meine Seele
für ein unerschütterliches
Faktum gehalten,
für etwas,
das nicht tiefer fallen kann
als in
Gottes Hand.

Heute wäre ich froh
um jeden Tag,
an dem ich ihr
nicht so viel
zu viel
zugemutet hätte,
an dem ich nicht
ihr selbst
der größte
Unmensch gewesen wäre.

Die Taten der Demütiger
trieben mich
zur Würdelosigkeit
Vor lauter Scham,
Verzweiflung.

Es gibt kein Entrinnen –
was vergangen ist
ist vergangen
und auf ewig
täglich
mein zermürbendes Brot.

Basiert nicht darauf
das ganze Glück der Erde,
dass ich einem Menschen
Vertrauen entgegen bringe,
ohne sicher sein zu können,
dass er es auch verdient?

Ans Herz gewachsen
ist mir alles,
was ich kenne und liebe.
Ans Herz gewachsen
ist mir auch alles,
was mein Leben erschwert.
Ans Herz gewachsen
ist mir
mein eigenes Leben.

Ich handle lieber
aus meiner Überzeugung heraus,
als dass ich darüber nachdenke,
wie andere dies
finden und bewerten.

Auch wenn ich so male,
male ich anders.

Es sind die buchstäblichen
Überzeugungstäter,
die beeindrucken

und überzeugen,
weil sie von sich zeugen.

Wer den anderen
Menschen
zum Maßstab seines
(künstlerischen) Handelns macht,
wird zwangsläufig
zur Marionette dessen
mutmaßlicher
Bewertung.

Jeder Mann,
der mich bisher liebte,
wollte unbedingt
einen anderen Menschen
aus mir machen,
sobald er
die Macht dazu besaß.

Einen Menschen
so zu nehmen und
zu lieben, wie er ist,
scheint wahrlich
eine göttliche –
nicht irdene
Fähigkeit
und vielleicht
Art der Liebe zu sein.

So habe ich das noch nie gesehen.
Ich will meine Kinder so lieben,
wie sie sind.

Hoffentlich gelingt mir das.

GEDANKENGÄNGE

Wer bist du, Kind?
Du bist da
mir so nah
eigentlich aber
bist du mir heute fremd.

Du bist so anders
als alles,
was ich erträumte und sehnte.
Du bist so anders als ich
mit meinen Träumen und Sehnsüchten.

Du bist mein Traum
gewesen
heute und immer
und bist es auf ewig.

Du bist Du
das schreibst Du mir ins Herz.

Du bist ein Traum
weil du anders bist

weil du du bist
und nicht ich.

Wer bist Du, mein Kind?
Das will ich erfahren
jeden Tag aufs Neue,
mein Ein und Alles!
Gedankengänge

Verständnis für mich selbst haben,
das ist ja noch schwerer
als alles Andere.

Das ist beängstigend
und lässt mich zusammenschrumpfen
auf nicht einmal
Mausegröße.

Da werde ich zum
nichtssagenden Wurm,
ein Würmchen auf Gottes Erdboden
und nicht der Rede wert.

Mein Gott, ist das grausam,
wie grausam ich sein kann –
nur zu mir selbst,
versteht sich.

Mir selbst einmal zuhören
scheint

nicht von dieser Welt,
unnötig, ja unsinnig zu sein.

Mir selbst Glauben und Vertrauen
zu schenken
fühlt sich absurder an,
wie jeder andere Gedanke meines Seins.

Und immer wieder begegnen mir Menschen,
die mich genauso schlecht behandeln,
wie ich selbst,
ja, noch schlechter sogar.

So sage ich mir selbst,
jeden Tag aufs Neue,
dass ich es nicht wert bin,
denn die Masse Mensch
muss ja recht haben, irgendwie.

Verständnis für mich selbst haben,
das ist ja noch schwerer
als alles Andere.

Wir schauen alle nur zu.
Wir wollen alle nur
eine Idee vom Sterben
erlangen
und vom Leben
bekommen.

Wir schauen nur zu,
versuchen
zaghaft das eine
überschwänglich das andere
zerbrochen das Letzte
was bleibt.

Wir schauen nur zu
und neiden es denen
die gleichgültig nehmen können
was kommt.
Denen ihr Kreuzworträtsel
genug ist
und ihre Adresse;
und der Fernseher
genug Aussicht auf fremde Welten.

Wir schauen alle nur zu
und wollen mehr
und wissen nicht wie
und schon gar nicht
warum.

Wir schauen alle nur zu
und wollen
nur eine Idee
vom Altern und alt werden,
vom Sterben
und vom neu geboren werden –
jeden Tag neu.
Wir sterben, wir leben, wir suchen...

Wir schauen alle nur zu.

Jeder einzelne Mensch
macht den
ganz großen Unterschied
inmitten seiner Nichtigkeit:

Entweder er ist –
oder ist eben nicht.
Entweder er wirkt
und bewirkt alles,
weil er es wagt
er selbst zu sein,

oder die Stunde des Schweigens
schwebt, unerkannt,
über seinem künftigen
Kommen und Gehen.

Alles ist
indem es wird.

Es ist, sie sind,
Wir sind.

LIEBE UND TREUE FÜR DICH SELBST?

'ne Zeit lang
hab' ich mal
'nen Ehering
für mich selbst getragen.

Mir selbst
Liebe und Treue versprechen;
mir selbst mit
Achtung, Respekt,
Verantwortungsgefühl
und Fürsorge
begegnen,
in guten wie in
schweren Tagen,
und dafür den
Segen Gottes erbitten –

das klang eigentlich
ganz einfach.

Probieren Sie's aus.
Sie werden stauen.

Wenn ich ein Gespräch nur führe,
um in meiner Haltung
und in meiner Ansicht
Bestätigung zu erfahren,
dann brauche ich kein

Gegenüber.
Ein wirkliches Gespräch
ist immer ergebnisoffen.

Meine persönliche Einschränkung
ist meine persönliche Freiheit.
Weil ich auf vieles verzichte,
bin ich für vieles offen.

Leer zu sein
ermöglicht es erst
angefüllt zu werden.

So ist das voll, das überfüllt sein
die eigentliche Schranke.
Das weniger so viel mehr
ein offenes Ohr
mein Geschenk an dich.

Abtreten
wann danken sie ab
wann ist es zu spät
wann soll es so sein
wann geht das Licht aus
das Dunkel gewinnt
der Weg ist zu Ende
verschwimmt.

Auftreten
rauf auf die Bühne
wo ist das Licht
wo trifft der Schein-
werfer IHR Gesicht
und stellt in den Schatten
was sie eh nicht sind
und längst schon
abgedankt – gehört – in
dunkle schäbige Kisten
weg in den Schrank
Ade.

Das vermeintliche Wohlwollen
für andere Menschen
muss dann auch
schon wieder
(ziemlich schnell)
seine Grenzen finden.
Dann sollte man wieder
das tun,
was dieser auch als
Wohl empfindet.

Mitgefühl gewinnen wir
oft erst
durch die eigene Erfahrung.
Wir Menschen
sind nun mal

sehr
auf den eigenen
Horizont beschränkt.

Die Angst zu sterben
ist die verkappte Angst
nicht gelebt zu haben.
Die Furcht
buchstäblich aus dem Leben
gerissen zu werden
impliziert die Reue
zur falschen Zeit
das Falsche
und nicht das Richtige
getan zu haben.

Habe ich Angst
vor dem Sterben?

Selbstmitleid
ist nur dann gut,
wenn ich anschließend
daraus gestärkt
hervorgehe.

Als ein Mensch,
der sich selbst
wichtig und ernst nimmt,
sich selbst

lieben
und verzeihen kann.

Nur in dieser Form
ist Selbstmitleid
zielführend.

Ich weiß nicht
ob ich dich so
ausfindig machen kann.
Ich benutze kein Facebook
und use kein In-sta(rr)

Ich schreibe noch immer Briefe.
Nicht oft, aber immer wieder.
Störrig und sperrig
in meinen Ansichten

bin ich alt- und vielleicht
bald wieder modisch geblieben.
Mir selbst jedenfalls treu
und immer auf der Suche.

Nach mir selbst, dem echten Ich.
Nach dem Leben
das zu leben sich lohnt,
und nach den Freunden
der längst vergang'nen Zeit.

Die es schafften,
mein Leben zu beglücken,

zu befrieden,
zu erden und
zu befreien.

Die mein Du waren
auf dem Weg zu
meinem Ich.

Ein paar der größten
Irrtümer des Lebens
und seiner Welt
ließen sich vermeiden
wenn man
der Wahrheit Raum ließ,
dass man niemandem
eine Erkenntnis
aufzwingen könne
die er nicht
selbst erlangt habe.

Ich mache mir die Welt
nicht nur wie sie mir gefällt
(nach Pippi Langstrumpf
Von Astrid Lindgren).
Vielmehr bin ich
maßgeblich daran beteiligt,
wie meine Welt aussieht;
und immer
dafür verantwortlich

wie ich sie sehe,
bewerte
und mit ihr
und mir in ihr umgehe.

Was macht es für einen Sinn
so zu sein,
wie ich es bin?

Wenn alles schon gedacht wurde
Weil alles schon erkannt wurde
Und alles schon zu Wissen wurde?

Was macht es für einen Sinn,
wenn man nur
das passende Buch finden müsste,
um darin lesen zu können,
was, heute endlich errungen,
mein Hirn revolutioniert.

Und trotzdem verändern Menschen
die Welt und den Augenblick.
Verschieben den Horizont,
die Wahrheit und Wirklichkeit.
Loten die Grenzen neu
und machen Unglaubliches
real.

Einzig dieser Tag,
unser Gebunden-Sein
an heute, hier und jetzt,

begrenzt uns wirklich
in dem,
was wir können,
wollen und sollen.

Es gibt Gefühle,
die sind linear,
zweckfrei
und entspringen
dem innersten Kern
der menschlichen Seele.

Alle anderen aber
sind weder unkontrollierbar
noch übermächtig.

Sie erfüllen eine Aufgabe
und manipulieren
meine Mitmenschen.

Ich glaube,
dass das Leben
grundsätzlich
schlechte Voraussetzungen
bietet.

Das liegt nicht
in der Natur der Umstände,

sondern in der Natur
des Menschen,

der zögerlich,
bequem,
und in der Kompetenz
zu reagieren
ausgesprochen
träge ist.

Ich passe hier genau so wenig hin
wie sonst im Leben auch.
Ich bin so wenig
von so vielem
und so viel
von allem anderen.
Ob mich das traurig macht?
Manchmal.
Eher einsam...
Oft!
Stolz und bestimmt?
Das sollte es!
Und der beste Weg dahin?
Heute!

Die vermeintlichen
Hindernisse,
die sich mir
heute in den Weg stellen,

sind kleinlich –
verglichen mit dem,
was auf mich zu kommt...

Heute nimmt mir
ein schwacher Wille,
ein zauderndes Herz,
eine Flut von „Möchtegerns"
die Weitsicht.

Schon bald aber
wird es
ein kleiner Anstieg,
eine Treppe,
mein Stolz
und ein Grab sein.

Was heute
mich hindern heißt
könnte wohl gut
aufs Neue
überdacht werden.

Menschen verstehen sich nicht
Nie
Sie erahnen, ertasten
erfühlen und stolpern
blindlings ins Leere.
Mit all ihrem Wissen
und Meinen.
Das buchstäbliche Verständnis

ist eine Farce
ein Trugschluss
und ein großes Unrecht
am Ich des Anderen.

Menschen können sich nicht verstehen
Nie
Wie sollten sie auch?
Welches Fundament
sollte das tragen
wenn sie doch
nichts anderes haben
als sich selbst –
ihr eigenes Denken und Fühlen.

Menschen verstehen sich wirklich nicht.

Hätte ich nicht mehr gekonnt
hätte ich das nicht mehr geschrieben;
hätte ich aufgegeben
wäre so vieles nicht mehr gewesen.

Es wäre nicht blank und nicht weiß
geblieben,

aber doch unbeantwortet von mir.
So darf ich sein
wer ich war und wer ich bin.
Und werde sein,
wenn ich nicht aufgebe,
wenn ich mich entscheide zu bleiben.

Es müsste eine Musik geben,
die die Stille verkörpert.
Die das Allein sein bejaht.
Die der Angst den Raum nimmt
und dem Verzweifeln den Grund.

Es müsste eine Musik geben
die plötzlich Atem schafft
und auferstehen lässt –
die für nichts zu wenig ist
und doch leer genug für mich.

Es müsste eine Musik geben...
Vielleicht muss sie erst noch
geschrieben werden in mir;
in uns, in jedem einzelnen Leben.
Es müsste eine Musik geben...

Wir werden alle
vom gleichen Tod bedroht.
Wir ringen alle
um das gleiche Leben.
Wir suchen alle
nah dem Sein im Ich.
Wir fragen alle
nach dem Sinn des Du.
Wir kaufen alle
das Leben aus.
Wir werden alle
vom gleichen Tod bedroht.

Aufhören zu leben
heißt
aufhören zu gestalten.
Diesen Punkt
sollte man
so weit wie möglich
hinausschieben...

Dass Menschen einander
nicht verstehen können
ist tragisch,
doch nicht
der Grund des Übels!

So zu tun als ob –
eingebildet natürlich
macht das Leben
zur Tragödie.

Die Dramaturgen im Überschwang
versalzen das Gewissen.
Die Anderen im Understatement,
noch stiller als gedacht,
gehen ungehört
leer aus.

Obwohl doch jeder
ähnliche
Grundkonzepte des Gefühls

in sich trägt;
die Auswüchse unterscheiden sich phänomenal!

Weltumspannende
Unterschiedlichkeit des Seins!

Man muss nicht verstehen!
Warum?

SEELE BESCHENKT

Manchmal
bekommt man etwas
unerwartet geschenkt.
Es nicht zu reißen
aber zu nehmen;
es nicht
im falschen Moment
loszulassen.
Es halten,
ohne es gefangen zu nehmen.
Es freizugeben
um es geschenkt
zu bekommen
manchmal...

Egal,
was in meinem
Leben noch kommt

(und altern und sterben
stelle ich mir
wirklich nicht
besonders leicht vor);

wenn es mir vergönnt sein wird,
den Wind in den Bäumen
rauschen zu hören,
die Vögel zwitschern,
das Wasser plätschern
und womöglich auch noch
die wundervolle
Sonne mein Gesicht
ein wenig erwärmen wird,
dann, so spüre
und hoffe ich heute,
werde ich
ein glücklicher Mensch sein.

Nur,
wer sich selbst liebt,
(und die Liebe Gottes
ist auf diesem Weg
wundervoll
hilfreich und
heilsam)
ist in der Lage,

einen anderen Menschen
wirklich zu lieben.
Die Selbstliebe
bemisst die Schale,
aus derer tiefen Quelle
wir
überfließend lieben können,
was uns umgibt.

Gebunden an die eigenen Gefühle
spüren wir kaum,
was der andere erlebt.
Verankert im eigenen Herzen
ist unser Horizont
oft kleiner
als wir sind.

Was wir über den anderen wissen
kommt einer Mutmaßung gleich.

Gebeutelt vom verletzten Ich
suchen und brauchen wir Gott.
Der ist, der einschreitet und hilft.

Gebunden an die eigenen Gefühle

Und wer hat eigentlich
entdeckt und beschlossen,
dass
beVORmundende

Entmündigung,
Erpressung,
Entwürdigung,
und dergleichen

für einen Säugling,
ein Kindergartenkind,
einen Schüler der Grundschule und
allen heranwachsenden Schutzbefohlenen

weniger schrecklich, grausam,
verletzend und traumatisierend ist

als für einen Azubi,
eine 36 Jährige
Steuerfachgehilfin
und meine Oma im Altenheim?

Begrenzt auf den Kosmos
der eigenen Emotionalität
bleiben wir oft stecken
auf dem Weg zum Anderen
auf dem Weg zu uns selbst.

Mein Spiegel ist gnädig heute

Mein Spiegel ist gnädig heute.
Nach einer Dusche, erholsamen,
sehe ich wieder etwas klarer,
und er blickt nicht mehr durch.

Das Element Wasser hat mich berührt.
Nicht nur von außen bin ich ganz nass,
auch inwändig fühle ich mich
durchtränkt,
wie ein neuer Mensch.

Eine neue Chance, ein neuer Tag,
ein neues Ich wartet auf mich.

Als könnte man reingewaschen werden,
bist du, Wasser, über mich hergefallen.
Hast dunstig und matt werden lassen,
alle Verzweiflung und alle Tränen

weggenetzt

mein Gesicht geschönt
und beruhigt, befriedet, meine Seele.

ZUR RUHE KOMMEN

Der Mensch
ist ein ruheloses
Wesen,
das sich nach
Ruhe sehnt
und doch
ruhelos bleiben muss.

ZWISCHENRAUM

Die Distanz
zwischen
zwei vertrauten
Menschen
kann viel größer sein
als die
zwischen
zwei Fremden.

Einfach mal
ausschalten
abschalten
ist
so schwer.

Ihr lieben Eltern
und ihr Großen!
Ihr habt
„Schreibenden Zugriff"
auf die Seelen
eurer Kinder
und den Kleinsten
dieser Welt!
Vergesst das nicht,
Nie!
Nicht eine Sekunde!

VOM LIEBEN
UND LIEBEN LASSEN
(LIEBESGEDICHTE)

Ich wäre gern ein Staubkorn
unter deiner Treppe.
Nur um nicht hier zu sein
anstatt bei dir.

Ich wäre gern ein Tropfen
tränengleicher Dunst
an deinem Spiegel,
den deine Hand gerade noch auffängt
vor seinem Fall.

Ich wäre gern ein Wohlgeruch
noch süßer und lieblicher
als deiner es ist,
untrennbar verbunden mit deiner Kleidung.

Ich wäre gerne das Licht
deines Lebens
und der Schatten deiner Flügel,
der der trockenen Erde
dein stolzes Bild entlockt.

Ich wäre gerne und bin es nicht.
Der Wahnsinn der Liebe
entbehrt heute allem,
was ich sein kann, was ich sein will.
Seit unsere Seelen endlich eins sind
vereint für immer.

Ich wäre gerne, was ich bin.

DIE BANK

Ich stelle mir vor,
du säßest da drüben
auf einer Bank.
Wir starren, stieren uns an.
Gleichgültig,
begehrlich,
verzweifelt.

Ich stelle mir vor,
was es noch zu sagen gibt,
zwischen dir und mir:
Nichts
nichts
nichts
und wieder nichts.

Ich stelle mir vor
wie deine Bank entschwindet.
Der Boden zwischen uns
sich kaugummiartig ausdehnt.
Kleiner
kleiner
immer kleiner
wirst du.

Ich stelle mir vor
wie die riesige Seifenblase platzt.
Mein Hirn und Herz
zersprengt.

Zerrissen,
zerstört
all meine Träume.

Ich stelle mir eine Bank vor.
Mir gegenüber –
leer ist sie heute.

Auch auf dürres Land
fällt einmal Regen
Tropfen
für Tropfen,
für Tropfen,
so wie heute
meine Tränen.

Du ziehst mich
hin zu dir
und hast Angst davor,
dass ich mich dir an-nähere.
Du zwingst mir
die Verbindlichkeit auf
vor der du dich am meisten fürchtest.
Du verfrühst jede Bindung
aus Angst vor dir selbst.
Du höhlst deine Gefühle
mit jedem Wort
der Überschwänglichkeit
ins Leere hinein deiner Seele.
So fad, so trostlos
so aschgrau

brennt heute die Sehnsucht
der Liebe zu dir in mir.
Ob man das veratmen kann,
vernebeln?
Ich fürchte, nein.
Schmerz,
Schmerzen,
Sch...

Freund der Sonne
und Bruder meiner Seele!
Mögen deine Pfade
gepolstert sein mit
weichem, sattgrünem Moos.

Mögen die Gedanken deines Herzens
deine Seele sanft betten
in der sicheren Zuversicht
dass alles gut wird.

Mögen dir Freunde begegnen
die für immer bleiben
gleich wie
„die Hölle auf Erden"
sich gebärden mag.

Möge der
„Himmel auf Erden"
Einzug halten in deinem Gemüt,
deinen Beziehungen,
deinen Gaben, Fähigkeiten,

dem Auftrag deines Lebens.
Mögest du sanft und sicher ruhen
in Gott, in dir und mir.

Sonnenfreund
meiner Seele!
Egal wie sehr ich
Worte zu finden suche,
es gibt sie nicht...

Die, die recht haben
und der Wahrheit genügen.
Die den Raum bezeugen
und in die Weite führen.

Die meiner Seele
auch nur annähernd
so guttun wie du.

Du Freund meiner Seele –
über alle Worte erhaben.
Nie werde ich verstehen können,
was du für mich bist,
und das ist gut so.

Es reicht nicht,
um dich zu hassen.
Es reicht nicht um zu schreien.

Es genügt nicht um zu weinen
und auch nicht für den Schmerz.

Ich kann nicht einmal mehr traurig sein,
denn jahrelang war ich nichts anderes.

Nichts zu hoffen ist beflügelnder
als es die Hoffnung in mir je sein konnte.

Ich sage Ade,
und es tut nicht einmal weh.

ICH HABE...

Ich habe es aufgegeben –
Vieles – vielleicht zu vieles.

Ich habe es aufgegeben
ein Gespräch mit dir
führen zu wollen,
das mich betrifft,
und nicht nur so tut als ob.

Ich habe es aufgegeben,
in deiner Nähe zu ersehnen,
was auf, in der Hand liegt:

Ein Gefühl
der Geborgenheit,
Zugehörigkeit.

Ich habe es aufgegeben
darauf zu hoffen,
dass ich für dich
mehr sein könnte
als nur ein bisschen
Spaß
und Wellness ganz am Rande.

Ich habe es aufgegeben
an eine Zukunft zu glauben
die mehr Tragkraft besitzt
als
Lust und Unlust
gemeinsam gewichten.

Ich habe es aufgegeben...
und womöglich
am Ende
auch mich.

Sosehr ich dich gewonnen hab –
ich kann dich nicht gewinnen.
Das trifft mich tief,
zermürbt mich fast –
der Leere kaum entrinnen.

Wie kann mein Herz dich lieben nur
viel mehr als sich's gebührt.
Mit jedem Tag dem Abgrund nah
so willentlich geführt.

Ach, dumm ist meine Seele, ach
wie konnt' dies nur geschehen?
Ich lieb' mehr, als ich lieben sollt,
an ihr werd' ich vergeh'n.

Mach dein' Tag gut.
Das ist unser
Mantra, täglich.
Ein Versprechen,
das wir uns jeden Tag aberbitten.

Mach dein' Tag gut.
Um deinetwillen
Machen!
Um meinetwillen
Machen!
Um unsretwilllen
Machen!

Mach dein' Tag gut.
Auch wenn die Seele schreit
und die Sehnsucht quält.
Jeder Schritt sich in
Zeitlupe wähnt.

Mach dein' Tag gut.
Im Schneckentempo
zieht er
an meinen Nerven,
zerrt an Einsamkeit und Lust.

Mach dein' Tag gut!
Ja, mach ich!
Um deinet-, meinet-, unsretwillen.

Dich
zu verlieren,
einmal
zwei mal
fünf mal
zehn mal
jedes mal
aufs Neue.

Das ist schon ein Schmerz
der besonderen Art.
Als könnten sich
unsere Leben
nicht einen Tag
auf normalem Wege
kreuzen,
rasen wir dahin.

Wie Züge auf Gleisen
entgegengesetzter Richtung.

Autobahnspuren
in meinem Kopf.
Wenden unmöglich
und Umkehr
ungewisser Zufall.
Was für ein Schmerz.
Was für eine Trauer.

Alles, was ich habe,
genügt mir nicht,
weil ich dich will.

Dich riechen,
dich schmecken,
dich spüren.
Durch und durch.

Was sollte mich
darüber hinwegtrösten
dich heute nicht
berühren zu können.

Dich irgendwann nicht mehr
berühren zu dürfen?

Alles, was ich habe
genügt mir nicht,
weil ich nur dich will.

Wie kann eine Seele
so Schmerzen.
Wie kann ein Nicht
so quälen?
Nicht riechen,
nicht schmecken,
nicht hören?

Nicht sehen.
Nicht fühlen.
Nicht begreifen?

Nicht Dasein.
Nicht weg sein.
Nicht zu dir.
Nicht von dir los.

Nicht atmen.
Nicht schreien.
Nicht sterben.

Nicht gemeinsam.
Nicht einsam.
Nur allein.

Wie kann ein Nicht
so quälen?
Wie kann eine Seele
so lautlos schreien?

Ganz sicher – sie kann.

Ich kuschle mich an
meine Kaffeetasse.
Sehnend und süchtig
nach deiner
elfengleichen Haut.

Zart und zerbrechlich
spüre ich dich.
Wille und stark
bist du in dir!

Völlig und haltlos
bin ich die Deine,
ganz und gar
du der Meine.

Was es nicht geben kann,
ist doch geworden in uns.
Eine Liebe
stärker als das Sein.
Durchdringend bis in den Tod.

Jeder Augenblick in mir
sucht nach dir,
den meine Seele liebt.
Unsere Seele, unsere Haut
Unser Atem, unser Sein.

Ich kuschle mich
an meine Kaffeetasse.

Wenn man einen Menschen liebt,
liebt man dann immer die Vorstellung,
die man von ihm gewonnen hat?
Und ist es dann die gereifte,
wirkliche Liebe,
wenn man sich der Vorstellung entledigt,
ohne die Liebe zu verlieren?

Nun werde ich
auch dir
„Leb' wohl" sagen
mein Freund!

Es ist so weit,
obwohl es niemals
so weit sein kann.

Du hast dein Segel
schon lange gesetzt.
Deinen Blick
dem Ziel tapfer zugewandt.

Ob du nichts
vergessen hast – oder auch zu viel?
Noch halte ich an dem
dicken Tau fest,

das uns verbindet –
verbunden hatte;
und dich trotzdem
nicht mehr halten kann.

Ich sage: Leb' wohl,
Ade, ciao und Adieu.
Kein „Auf Wiedersehen" mehr,
nicht mehr – ich lasse einfach los.

Laut platscht es ins Wasser,
benetzt mein Gesicht.
Du darfst es nun an Bord ziehen
und einfach gehen.

Ob deine oder meine Reise
die größere sein wird?
Wir werden sehen.

Ich habe mich noch nicht
vom Leben
verabschiedet;
als würden mir nun
die Krumen genügen
die vom Tischlein (deck dich)
rieseln.

Ganz im Gegenteil!
Hab' ich mir doch
gerade erst
das Vermögen zu leben
zurück erkämpft.

Wie sollten mir dann
deine Überbleibsel genügen –
und seien sie noch so sehr

auf dem
silbernen Tablett serviert.

So weit bin ich (nun)
wirklich noch nicht.
Kapitulierend die
Almosen nehmend
voll Dankbarkeit und
koscheren Glücks.

Eine Lächerlichkeit ist das
und was für eine.

Frauen wie ich
haben's echt schwer!

JederManns Begehr',
aber keiner will sie.

Ständig beGutachtet
und begafft;
aber keiner sieht sie
und sieht sie an.

Du solltest mir nicht
    so sehr fehlen.
Nur ist das
definitiv
leichter gesagt
als gefühlt.

Defensiv und still
verschanze ich mich
hinter meiner Einsamkeit,
die doch
zu zweit
besser ist als allein,
oder?

Meine Sehnsucht ist heut'
keinen Heller wert.
Und ich bin auch noch
Diejenige,
die sie gnadenlos
niederbügelt.

So funktional,
so praktisch,
so gut.

Und...
Respekt wer's selber macht.
Vielleicht ist ein Baumarkt
heut' doch
die bessere Adresse.

Wer liebt, der liebt!
    Weil man sich
nicht aussuchen kann,
warum dieser eine Mensch
das Herz höherschlagen lässt –
bis zum Hals
im Kopf
ganz tief in der Brust.
Wer liebt, der liebt.

Unterdrückt
    unter-drückt
und er drückt
unterdrückt
drückt unter
drücken
unter Druck
unterdrücken
unter
unterdrückt
unterdrückte
unterdrückt
un
aus.

Es könnte
so schön sein,
das Leben!
Trügerisch
lächelst du mich an.

Fasst nach
meiner
unerreichbaren Hand.
Greifst ins Leere,
so wie dereinst ich.

Trügerisch
lächel ich zurück.
Wohl wissend,
dass alles
mehr als nur „zu spät" kommt.

Dein Wollen
und mein Sollen.
Dein Ziehen und
mein Fliehen

ist jetzt unser
Programm.
Trügerisch
Lächeln wir uns an.

War es jemals anders?

Ich will in Ruhe
zeitlos und endlich
trauern und starren
weinen und klagen
suchen
und vielleicht finden.
Und was ist?
Ich lache und spiele
räume und mache
und täusche
Gott und die Welt
und mich selbst.

Die Ruderboote sind trockengelegt
damit sie nicht auf Eis liegen.
Auf Eis gelegt sind meine
Wanderzüge auf dem See.
So rudert nur meine Seele
mal gegen mal mit dem Strom.

Eines kann mir niemand nehmen:
Ich habe geliebt.

APHORISMEN
FÜR ALLE LEBENSLAGEN

Ich liebe mich
Ich lebe mich
Ich bin.

Einen Menschen
zu verstehen
ist reine Illusion.
Ihn zu kennen
anmaßend.
Ihm begegnen zu wollen
wahre Freundschaft und
ihn wie er ist
anzunehmen
Liebe!

Wenn mein Selbstwert
unter meinen
Mitmenschen leidet
umgebe ich mich
vielleicht
mit den falschen Menschen.

Wir agieren alle
aus der Not heraus,
in die wir
hinein geboren werden.

Nichts
    verändert das Leben
so sehr
wie die Liebe
und der Tod –
idealerweise
schon lange
vor dem Sterben.

Es sind die Bruchstücke,
   die Brüche in unserem Leben
die ihm Form und Format geben.
Die uns über uns selbst
hinauswachsen lassen
und uns
zu dem gemacht haben,
was wir heute sind.

Kindheit muss
   Kind-
heit(er)
bleiben.

Kinder haben keine Macken.
   Sie haben Gründe.

Je mehr ich durch die finsteren Täler
meines Lebens gehe,
desto mehr glaube ich,
dass Liebe, Milde und Güte
die einzig sinnvollen Antworten
auf das Leben sind.

Man kennt sich selbst kaum,
den anderen noch
viel weniger.
Alles Weitere
bleibt
herrliche Illusion.

Längst nicht
jede Blume
wird gesehen
auf dieser Welt.

Perfektionierte Menschen
produzieren
eine vollkommen
überdimensionierte Welt.

Ich schöpfe aus einer Quelle,
die sich in der Einsamkeit
nährt,
und meine Worte
werden
in der Stille geboren.

Nichts auf dem Planeten
hat einen Wert,
solange es dich nicht
in Bezug
zu Anderen setzt.

Der leichteste Weg
ist selten
wohltuend,
kaum der beste
und am wenigsten
der richtige.

Endlos leben,
ohne zu sterben.
Das ist nun mal
niemandes Programm.

Eine Wahrheit,
die einem angenehm ist,
schluckt man gerne
und sie ist leicht bekömmlich –
nur ist sie nie die Einzige.

Das Bewundern
und das Staunen
nicht verlernen.
Darin liegt die
wahre Lebenskunst
verborgen.

Man muss Menschen
nicht verstehen
es genügt
sie zu respektieren.

Kinder sind
die besten
Lehrer.

In meinen Vorstellungen
großzügig zu sein
kommt hauptsächlich
mir selbst zugute.

Ich halte eine
Bestrafung
nie für ein
sinnvolles System.
Man lernt nur,
dass das eigene Handeln
untergraben wird
und das fremde
Überhand nimmt.

Nichts gefährdet
dein Leben so sehr
wie du selbst
mit deiner
Einstellung dazu.

Wenn wir urteilen,
urteilen wir immer
über echte Menschen.

Wir interagieren alle
im Rahmen
der
Möglichkeiten und Grenzen
die wir einander bieten.

Was die Natur
uns voraus hat:
Dass sie die
Gunst der Stunde
voll und ganz ergreift.

Keiner von uns
wird die ganze
Welt retten.
Es nicht zu versuchen
ist aber
(auch) verkehrt.

Ich kämpfe um jeden Tag
als ginge es um mein
ganzes Leben –
was es ja auch tut.

Charakter ist kein
Zufallsprodukt
sondern tägliche
harte Arbeit.

Wenn du
im Sumpf
feststeckst,
kannst du dir
nicht immer
aussuchen,
wer dich
raus zieht.

Eine Liebe
die nichts wert ist,
ist nichts wert.

Ich habe mich
an die Einsamkeit
gewöhnt,
bin aber nicht
ihr bester Freund.

Früher lernte ich
1000 Wege
wie ich die Dinge
zu tun
oder zu unterlassen
habe –
heute verantworte
ich einfach.

Menschliches
Verhalten
fängt da an
wo das
Müssen
aufhört.

Man muss
das Schicksal
nur der Natur
überlassen –
die bahnt sich
immer
ihren Weg.

Solange wir Gewalt billigen,
wird es Gewalt geben.

Indem ich
das eine tue,
unterlasse ich
das andere –
immer.

Die Erfahrung,
die du hast,
macht dich
entweder
bitter oder
reich.

Egal, wie sehr
Bäume
gebogen und gebeugt werden –
sie wachsen immer
der Sonne entgegen.
Einfach immer!

Manchmal habe ich
das Leben satt;
aber lebenssatt
bin ich noch lange nicht!

Das Gute,
das wir in uns tragen
ist das Gute,
das uns hält.

Wer immer in
Superlativen
schwimmt
ersäuft auch
irgendwann.

Die Liebe zum Detail,
macht den (Mehr-)wert
zum Leben.

Schwimmmeister zum Schüler:
Wenn der Kopf
über Wasser ist,
Atmen nicht vergessen.

Jedes Leben
hat seine eigene Schwere.

Alle Menschen sind
gleich reich:
Jeder hat genau
diesen einen Tag.

Die Rufer aller Welten
Zeiten und Kulturen
sagen dasselbe:
Lebe!

Niemand kann
auf Dauer
abseits
seiner Selbst
leben
ohne daran zu
erkranken.

Wenn schon wir,
Mütter und Väter,
nicht mehr an unsere
Kinder glauben,
wer dann?

Mehr Schein
als Sein
muss unser Hoffen
immer verfehlen;

mehr Schein
als Sein
ist
einfach
nicht mein Ding.

Für wahre Liebe
ist der Tod
nicht das Ende*
lediglich
der Anfang einer
neuen Zeit.

* der Welt

Man kann
von jedem Menschen
etwas lernen.
Im Mindesten
eine Betrachtung
wie man etwas
auf keinen Fall
machen wollen würde.

ÜBER –
Lebensstrategie:
„Jeden Tag ein Tag"
– LEBEN –
mehr nicht,
weniger aber auch nicht.

Hingen die Leben
aller Menschen
wie Kleider
aneinandergereiht
auf einer Stange –
ich würde immer noch
meines wählen.

Was man hat
muss man auch
haben –
immer.

Ein einzelner Mensch
ist meist nicht
die ganze
Ursache für ein
Problem;
und auch selten
die einzig

mögliche Lösung
dafür.

Manche Menschen
mögen mich,
weil ich ICH bin,
so wie ich bin.
Manche Menschen
mögen mich nicht,
weil ich ICH bin,
so wie ich bin.
So einfach ist das.
Kein Grund zur
Besorgnis
also.

Wer gut (ge-)lebt hat
kann auch gut sterben.
(GrAt)

Wer Vorstellungen und
Vorurteile
um sich hortet,
darf sich nicht wundern,
wenn er plötzlich
hinter einer Mauer
verschwunden ist.

Es mag gelegentlich
einen Grund geben,
anderer Leben
zu erschweren,
nie aber eine Berechtigung.

Lasst euch nicht
zerstreuen!
Lasst euch nicht
von Nichtigkeiten
zu Nichte machen.

Die tägliche
Prioritätenliste:
erst die Menschen,
dann die Tiere und Pflanzen,
dann die Sachen.

Es ist das
Geheimnis der Milane,
dass sie die
Kraft nutzen,
die schon da ist.

Das Leben ist
viel zu kurz
um nachtragend
zu sein.
Ich bin nicht
nachtragend.
War ich noch nie.
Es macht für mich
keinen Sinn,
Koffer zu schleppen,
die mir ohnehin
niemand
abnehmen möchte.

Die Lerchen
singen auch bei Regen.

Oftmals ist
deine größte Stärke
zugleich auch
deine größte Schwäche.

Es hat sich mir
bisher noch nicht
erschlossen,
warum ich
vom Boden
essen können soll,
wenn ich einen
Tisch habe.

Vorstellungen
verstellen den Blick
und sind uns
meist nur im Weg.

Ganz egal,
was wir für
gut heißen oder nicht;
vielleicht schon morgen, oder
in 30, 40, oder 50
Jahren
übergeben wir
der nächsten Generation
den Planeten.
Bis dahin will ich ihr gerne
so gut ich kann,
noch a bissl
helfen, sie unterstützen;
mit allem, was ich
bin und kann.

Die Menschen,
die die Welt
verändert haben
(im Guten wie im Schlechten),
haben's zuvor
meist
selbst nicht geahnt.

In Wirklichkeit werden
wir in sozialen
NETZwerken
naturgemäß
zu ZwischenMENSCHlichen
Analphabeten erzogen.

Gelänge es jedem,
Freund der
eigenen Kinder zu werden;
der eigenen Geschwister
zu bleiben
und zudem
die eigenen Eltern
in Ehren zu halten
die Welt wäre
so viel
menschlicher und
menschenfreundlicher.

(An)erkenne dich selbst!
Liebe Dich selbst!
Allein das
ist
zum Glück der Weg.

Man sollte Macht
(über Menschen)
nur denjenigen
Menschen geben,
die sie, in ihrem
inwendigen
Wesen und Charakter,
wirklich nicht
brauchen.

Man muss dem Leben
schon auch zutrauen,
dass es gut wird.

DAS BESTE
KOMMT ZUM SCHLUSS

EIN GLAUBENSBEKENNTNIS

Ich glaube an den dreieinigen Gott,
Gott Vater, Sohn und Heiliger Geist.

Ich glaube, dass die Geburtsstunde der Liebe
in ihrer Gemeinschaft begründet liegt
und diese Liebe zu leben die einzig sinnhafte Daseinsform
des Menschen ist.

Ich glaube, dass das der Liebe Gottes inwendige Heil
in Jesus Christus Mensch geworden ist
und auf uns zukommt.

Diese seine Liebe heilt ganzheitlich alle Menschen
gleich welcher Farbe und ethnischer Herkunft,
Geschichte und religiösen Ursprungs,
Intelligenz und Kompetenz,
Geschlechts und sexueller Orientierung.

Ich glaube, dass sich in der Individualität
jedes Menschen, jedes Tieres, jeder Pflanze,
jedes Steines, dem einzelnen Sandkorn und den Sternen
der Galaxien
die Schöpferkraft der Liebe Gottes wieder spiegelt
und sie deshalb zu achten,
zu respektieren und zu schützen
ein göttlicher Akt der Liebe ist.

Ich glaube, dass Gott seinen Geschöpfen
ausschließlich Gutes schenkt und
dass alles Weitere

den Begrenzungen und dem Verfall
des Lebendigen geschuldet ist.

Ich glaube, dass selbst die Summe aller Erkenntnis
aller Menschen zu allen Zeiten
Gott niemals ausreichend oder angemessen beschreiben
könnte
und seine allaussöhnende Gnade und Liebe
jeden menschlichen Horizont übersteigt.

Ich glaube, dass Gott in meinen Tod hinein
alle Tränen des irdenen Lebens von meinen Augen abwi-
schen wird
und meine Seele in seinem ewigen Frieden
sein wird.

Amen

WAS DER TOD
UNS ZU SAGEN HAT –
MUT ZUR TRAUER

Nun gibt es also
keine Tage mehr,
die ich zählen kann.
Die Diagnose: Krebs...
künstliches Koma...
Tod.

Deine Tage waren gezählt.
Haben sie jetzt ein Minus davor?

Du wirst mir so sehr fehlen.
So viel Minus.
An allen Ecken und
Enden meines Lebens.

Ja, bis zum Ende
werde ich mutig
dieses Minus leben müssen,
Schwesterherz!

Das schöne schwarze Buch sagt,
dass alle unsre Tage
gezählt, aufgeschrieben werden
in ein Buch des Lebens,
dass das Leben selbst ist.

So hoffe ich, so glaube ich
so flehe ich, dass alles gut ist.

Deine Tage waren gezählt.
Meine sind es auch.

Als wäre ich in einem Zug.
Und du?
Bist du ausgestiegen, umgestiegen...
oder immer noch bei mir?
Wer weiß das schon?

In meinem Horizont
Diesseits jedenfalls
hat der Zug keinerlei
Wartezeit aufkommen lassen.

In meinem Kopf rast die Zeit dahin
in blinder Schwere.
Und du wirst immer keiner
dort am Horizont meiner Vorstellungen.

Und ich schreie noch nach
so laut ich kann.
Doch der Fahrtwind des Lebens
trägt meine Stimme fort –
den Lebensatem überhaupt.

Schon lange ist der kleine Punkt,
der einst du warst,
am Bahnsteig unseres Lebens
zu klein geworden
um ihn auch nur noch erahnen zu können.

Wie sehr hoffe ich
dass du an einem anderen auf mich wartest...
Einem, der noch auf mich zukommt,
dort vorne
am Anfang und Ende meiner Welt.

Ich musste mich schon
von so vielen
Menschen verabschieden.
Ich habe Angst davor,
dass es noch mehr
werden könnten.

Angst davor,
dass meine Trauer
und Einsamkeit
stärker werden könnten,
als mein Wille zu leben.

Selbst wenn sie alle
nicht so tot sind,
wie ich immer dachte;

sind sie doch auch nicht so lebendig,
um ihre
Stimme zu hören,
ihre Haut riechen zu können.

Und auch Geschichte zu teilen.
wird ab jetzt äußerst schwer werden…
auch wenn es sie ab und zu gibt,
diese Geschichten.

Heute tröstet es mich wenig
auf das ewig Sein
mit ihnen zu hoffen,
wenn sie mir
heute, hier und jetzt
so unsagbar fehlen.

Meine dunkelsten Nächte,
sie waren nicht so dunkel
nicht das,
was diese Nacht mir bringen will.

Die schwere meines Seins,
mein Kampf, täglich aufs Neue,

ist nichts
gegen das DA-Sein
das mir bevor steht.

Gott, wie sollte mich diese Schwärze
NICHT
vollends zerdrücken;
jeden Lebensgeist in mir
NICHT
zum Erlöschen bringen?

Um den ich doch bis hier her
so erbittert,
tapfer gekämpft habe.

Ich wollte nie aufgeben, NIE!
doch es nicht zu tun
erscheint mir heute
menschenunmöglich.

Diese Nacht ist anders
als jede andere Nacht.
So beten wir an Weihnachten,
hoffen wir an Ostern.
Meine Nacht ist es auch.

Meine ganze Seele schreit
NEEEIIINNNNN!
Ins Unermessliche hinein.

Hier, nicht dort!
Dann, nicht Jetzt.

Jedes Wort erwürgt einen –
was für ein Schmerz.

Die liebe Ewigkeit –
sie muss bitte
noch a bisserl warten.

Ich erinnere mich.
Ich erinnere mich noch.
Ich erinnere mich noch
sehr gut.
An diesen Schmerz.

Diesen Schmerz
vollkommen zerbrechend.
Diesen Schrei
aus der tiefsten tiefen Seele.

Der einen umbringen will –
der Schmerz.
Der sich auch so anhört –
der Schrei.

Ich erinnere mich noch
viel zu gut daran.
Schreien, bis es nicht mehr geht.
Und aufhören zu schreien
heißt anfangen zu akzeptieren.

Und dann kommt der Schmerz.
Senkt sich wie das Abendrot
ausgebreitet über die Welt meines Seins.
Und sackt,
und sackt immer, immer tiefer.
Dort hinunter,
wo einst meine Seele friedlich wohnte.

Ich habe Angst.

Diesmal war es kein Schrei –
kein Aufbäumen
von Urgewalten,
die sich dem
Unumgänglichen
in den Weg stellen wollen.

Es war ein Beten und Flehen
aus tiefster Seele;
Die sich am liebsten
ablösen wollte
von mir,
jetzt, hier,
um dich begleiten zu
können

dann, dort,
Schwesterherz!

Ganz langsam beschrittest
du eine neue, deine Welt.
Ich aber muss hierbleiben –
dir zur Ehre und zum Trotz.

Schwesterherz, ganz ehrlich –
das wird schwer werden.
Denn ein Leben ohne dich
kann ich mir
nach 41½ Jahren
wahrlich nicht vorstellen.
Wirklich nicht.

Wie stellen sich Menschen
den Tod vor,
wenn nicht so,
wie er ist:
plötzlich,
unberechenbar,
unausweichlich.

Trauer

Im ersten Jahr
bringt einen der Schmerz
jeden Tag um.

Im zweiten Jahr
zweifelt man daran,
dass es jemals anders werden kann.

Im dritten Jahr
schafft sich die bodenlose Leere
Raum und Bahn.

Und dann?

Der Sommer war
wie meine Trauer.

Lange kalte Schauer,
die mir eben nicht
den Rücken hinauf
oder herunter
jagten, liefen.

Okay, das auch!

Nein!
Sie beschlichen mein
sonst so frohgemutes Herz.

Eiskalt erwischt
jeden Tag aufs Neue.
Jede Regung, die sich zeigen will,
im Nebel des Daseins
qualvoll erstickt.

Der Sommer
zwischen Wolken
und Regenschauern.
Diesseits der 15 Grad.

Mein Herz
zwischen gezwungenem Mut
und gespenstischer Verzweiflung
fern von einem jeden von uns.

Gott ist das nie, so sagt er.

Ein eiskalter Sommer
weicht einem bleichen,
kühlen Herbst.
Wir werden sehen.

Das sind doch alles
verzweifelte Antworten
auf eine Frage,
die wir nicht begreifen können,
nicht begreifen wollen.
Das wir leben –
absolut einzigartig.
Und sterben –
so wie jeder andere.

Nach 5 Monaten,
ist der Schmerz nicht kleiner.
Ich könnte nicht einmal sagen,
dass er anders ist.

Er steht dichte in der Luft
wie Rauch in ehemaligen Gastronomien.
Dicker als Schweiß
und zäher als Blut.

Wer will den sowas lesen?

Als wären jetzt überall
dunkle Flecken.
Flecken, die nicht weggehen.
Obwohl ich es doch bis hierher geschafft habe.

Der Ahorn voller schwarzer Flecken.
Mein Leben gemasert,
mehr noch
gemörsert.

Muss leiden, schon wieder.
Aber auch das wird amal a Ende haben.

Auf diesem Friedhof lebt a ganze Stadt
auf sehr engem Raum.
Die Behausungen klein,
der Andrang der Besucher groß.
Gottseidank sind alle immer da(heim).

B ei manchen Menschen
ist das Maß voll.
Der Taten, die sie getan haben
und solcher,
die unterlassen wurden.

Bei manchen Menschen
ist das Maß voll
des erlittenen Leides,
der getragenen Schmerzen
ohne dich.

Bei manchen Menschen
hat das Glück
ein glückliches Ende gefunden
und öffnet einfach nur
Wege und Bahn
für neues Leben.

Sie alle aber neigen
voll des Maßes
wie eine reife Sonnenblume

ihr Haupt
der Erde entgegen
schwerer und schwerer.

Hin zu
neuem Leben,
hier wie dort
und immerfort.
Ein Neues aufs Neue.

EIN LEBEN LANG

Ein Leben lang
zusammen
gelebt, gearbeitet,
geredet, gelitten
und auch mal geschwiegen.

Ein Leben lang
das gewesen,
was es zu sein vermag.
Und vieles entbehrt –
so ist das Leben –
eben.

Ihr habt alles geteilt
und doch
gäbe es noch
so vieles zu sagen,
an Grab und Kreuz.

Ruhe in Frieden –
so sagt man.
Die Toten
und die Lebenden.
Ruhe.

Du bist erlöst!
    Ja wahrlich,
du bist erlöst –
erlöst von so vielem.

Das Leid.
Der Schmerz.
Die Tränen.
Das Geschrei.

Es waren die
ganz leisen Tränen,
das ungehörte Geschrei.
Das Leid, lebendig
schon tot sein zu müssen
an Seele, Geist
und vor allem Körper.

Du bist erlöst!
Weil dein Erlöser lebt,
bist du erlöst worden,
erlöst von so vielem.

Gott sei's gedankt.

Mum

Die Hoffnung, die du trugst,
ist's, die dich heute bettet.
Den Frieden den du gabst
kommt heut zu dir zurück
Und, was geliebt du hast,
das liebt und liebt dich wieder.

Es gibt keine bekannte
Ermessensgröße
und somit
keine Ermessensbasis
für das,
was nach dem Leben kommt.
Wir nehmen aber an,
dass der Tod den
Toten am wenigsten schmerzt.
Das unabwendbare Wesen
des Todes
lässt ihn
zu unmäßiger Größe
anschwellen.

HABSEELIGKEITEN

Schon mal 'ne Wohnung ausgeräumt?

...umgeben von lauter Dingen,
die sich kaum verändert haben
in den „letzten Jahren"?
Die zu nichts geschrumpft sind
obwohl sie für den anderen
doch
alles waren,
was er wollte.

Die Habseeligkeiten des Seins –
bis zuletzt gehütet
wie einen Schatz –
sind heute nichts.

Der Mensch der sie besaß
hat sie zu dem gemacht
was sie waren.

Denn zu seiner Seeligkeit
gehörten sie, quasi untrennbar, dazu
und sie zu haben
hatte er sich bis zum Schluss
entschieden –

geschieden ist nun der Mensch
von seinem Sein
hier
der Wohnraum bald

geräumt und
ausgeträumt
ein unsagbarer Wert

Habseelig

Mama? Ständig!

Ständig habe ich
deine Sachen in der Hand.
Alles, was ihres war
ist jetzt mein –
das ist doch
völlig normal!

Tod, Du bist
allgegenwärtig
und uns doch
so fremd
alltäglich verdrängt
unantastbar.

Ständig habe ich
deine Sachen in der Hand.
Alles, was einmal war
sind jetzt
Sachen in meiner Hand.

GEDENKSTEIN

Eine von Millionen
bist du für uns einzig
die Mutter
die Freundin
die Geliebte.
Was für immer ist
wird für immer bleiben.

VIER JAHRE

Ich habe
nicht mehr daran geglaubt.
Frieden mit dem Tod.
Frieden mit dem Leben.
Frieden auch
mit mir selbst.
Gott sei Dank
glaubt
jemand anderes an mich,
für mich.
Friede.

VOM HIMMEL AUF ERDEN – RELIGIÖSE TEXTE UND FRAGEN AN DAS SEIN

Das höchste Gebet:
Vater vergib ihnen,
denn sie wissen nicht
was sie tun.
(Jesus Christus,
die Bibel, Lukasevangelium)

Man kann nur
sich selbst predigen.
Alles andere ist
unglaubwürdig.

Heute erkenne ich,
dass ich verletze, und
dass ich verletzt werde.
Ich schreie:
Mein Gott, mein Gott –
warum hast du mich verlassen?

Ich wollte doch
und konnte nicht,
er und sie wollten doch nicht,
und haben es dennoch getan.

Lieblose Liebe hat uns tief getroffen,
hat Brücken zerbrechen lassen,
und unsere Verbundenheit
losgelöst, entzweit.
Erbarme dich.

Wo warst du?

Wo warst Du, Gott?
Ist die Frage von Menschen
die bei den Menschen
Antworten ohne Frieden nur finden.

Wo warst Du, Gott?
Hat Menschen allein sein lassen
ohne ihren Nächsten
ohne irgend etwas
das das Sein noch sein ließ.

Wo warst Du, Gott?
Ist die verzweifelte Suche
nicht selbst
für alles
der Grund
sein zu müssen.

Wo warst Du, Gott?
Hat Gott sei Dank
noch seinen Grund
gefragt zu werden.

Indem man fragt
wo warst Du, Gott?
Ist alles gesagt
was eine menschliche Seele
zu sagen vermag
Wo warst Du?

GIBT ES...

Gibt es eine Kirche
für die Verlorenen,
für die Verzweifelten
und Verrückten?

Ja, es soll sie geben!
Nur, ich finde sie nicht.
Beim besten Willen,
sie ist uns
verloren gegangen.

Verwirrt
Verirrt
Verzweifelt

Gegangen –
das bin auch ich.
Nur wohin,
das weiß ich nicht.

Ich glaube, dass
die vollkommene Erkenntnis
des Guten und des Bösen
in meinem
diesseitigen Leben
am Beginn
meiner ewigen Seligkeit

erschütternde Realität
genug sein wird.

DER ALLESKLEBER FÜRS LEBEN!

Wer hätte nicht gerne
einen Alleskleber fürs Leben?
Bei jeder neuen Packung
denke ich darüber nach.

Ich muss nicht alles verzeihen!
Manchen,
sehr wenigen Menschen,
möchte selbst ich
im Leben
lieber nicht mehr begegnen
(erst im Himmel,
wenn alles endlich gut ist).

Den Anderen aber,
den Verletzenden,
auf seine
(Mit-)Menschlichkeit
zurück werfen,
indem ich
erkenne und bejahe,
dass auch er nur
ein Mensch ist
(der sich meinem Verstehen

entzieht),
das kann ich!

Das erlöst mich
von Rache und Gram!
Befreit die Seelen –
seine und meine!
Das ist Vergebung.

So bitten wir nun
an Christi statt:
Lasst euch
versöhnen mit Gott;
Frieden schaffen
mit den
unheilvollen
Vorstellungen
(von Gott)
in euch.

Theologie ist weit mehr
als das Wissen
von Gott.
Weit mehr als ein Gesetz.

Wir verstehen mehr von Gott,
wenn wir uns Menschen
mehr verstehen.

Und je mehr wir nicht begreifen können,
was hier auf der Erde geschieht,
verspüren wir Gott,
der spricht,
dass es eine Erlösung braucht;
eine Erlösung durch ihn und zu ihm hin.

Die Hölle ist da
wo nicht der Himmel ist.
Wo das Paradies zerfallen ist
in 1000 Einzelteile

zwischen Bruder und Schwester
zwischen Vater und Mutter
zwischen Kindern und Kindeskindern,
...
zwischen ich und ich selbst.

Die Hölle ist da,
wo Hass die Selbstliebe zersetzt –
als könnte Gott jemals etwas anderes
als Liebe für uns empfinden.

Die Hölle ist da,
wo Krankheit uns zerfrisst
an Körper, Geist und Seele
wie Maden
unser täglich' Brot.

Die Hölle ist da
wo die tödliche Angst des Todes

uns jeden Tag
den Lebensatem nimmt.

Die Hölle ist da
wo Schmerz, Trauer, Verzweiflung,
Einsamkeit und Not,
unmenschlich zwischen Menschen
Menschen allein sein lässt.

Die Hölle ist da,
wo die Ungerechtigkeit der Welt
und das Leid der Natur
uns anbrüllen
als gäbe es kein Morgen mehr.

Die Hölle ist da,
wo Menschen sich nicht verstehen
selbst dann noch,
wenn sie die gleiche Sprache sprechen.

Die Hölle ist da,
wo Menschen in Vergessenheit geraten,
obwohl ihr Name, auf ewig in Stein gemeißelt,
noch gar nicht auf dem Friedhof steht.

Die Hölle ist da,
wo unsere Wahrnehmung trügerisch
bei uns selbst stecken bleibt und
fressen und gefressen werden
das einzige Maß des Handelns ist.

Die Hölle ist hier.

Wir aber können und dürfen
der Himmel sein –
jeden Tag neu.

GOTT DER GERECHTE

Gott der Gerechte
sollte das Suchen
mehr quittieren
als das Finden,
das Ausschauhalten
mehr als das Sichten,
das Sehnen mehr
als das gottvergessende Haben.

Denn was wissen wir schon
gesichert.

Belangloses Fragen
kann echtes Verzweifeln
an der undurchsichtigen
Wahrhaftigkeit Gottes
nicht übertrumpfen,
oder?
Kann es?

Eine echte, verzweifelte Suche
muss der Glaube wohl bleiben
möchte er sich wirklich
dem unbegreiflichen Gott

nähern, tasten –
und kaum gefallen.

Was sind wir doch für Narren
wir irdenen Menschen.

die Möchtegern Glaubenden –
wollen –
tatsächlich wissen.

Wir wissen nichts.
Wir sind Narren!

Ich glaube,
dass alle Menschen
Engel sind, oder
zumindest sein können.

Freilich nicht alle gleichzeitig.
Gewissentlich
wechseln wir uns schön ab.

Und immer gibt es jemand,
der ein Engel sein kann.
Und immer gibt es jemand,
der gerade einen braucht –

noch dringender,
als man zunächst meinte.

Was trauen wir Gott wirklich zu?

Sollte der
gute, gerechte und
vollkommene Gott
tatsächlich ein
Wesen erschaffen,
mit dessen „Leistungsfähigkeit"
er womöglich
anschließend
„unzufrieden" ist?

Sollte der Mensch
tatsächlich
durch seine bruchstückhaften
Taten, Worte und Gedanken
Gott von seiner
Schöpfer-Liebe
zu uns Menschen
abhalten oder diese
schmälern können?

Sind es nicht wir Menschen, die
Menschen von Menschen
trennen,
durch Verletzungen –
mit unzähligen
Taten und Unterlassungen.

Ist es nicht so,
dass diese endlose
Aneinanderreihung

von Schmerzen,
die betroffenen Seelen
an der Güte Gottes,
an seiner wohlwollenden
Existenz
zweifeln lassen?

Und ist es nicht die
unendliche
allumfassende und
bedingungslose
Liebe Gottes
voller Mitgefühl und
herzlichem Erbarmen,
die,
heilsam Mensch geworden in
Jesus Christus,
auf uns zukommt
und neu die Brücke
schlägt, hin zu
unserem verletzten Selbst.

Das Problem
der Schuld,
der sogenannten Sünde,
besteht
zwischen uns Menschen.

Gott imponiert sich
jedem Menschen selbst.
Und er offenbart sich
jedem Menschen ganz anders,
will ich meinen.
Ebenso, wie auch jeder Mensch
individuell anders ist.

Es wäre gut,
wenn Menschen
endlich aufhören könnten,
Angst vor Gott zu haben.
Es genügte völlig,
würden sie Angst vor sich selbst haben.

Weil Menschen
mit ungeklärten Fragen
noch schlechter
umgehen können
als mit
halbherzigen Antworten
ist die „Idee
des Teufels"
populärer denn je.

Das Leben ist hellbunt.
Das strahlende Licht der Farben
derer der Jugend fast berstende Kraft
ist langsam verglüht.
Gereinigter Asche nebst leuchtender Reinheit –
die Glut sanfter Farben.
So ist mein Leben
eben
hellbunt
nicht strahlend, aber doch voll Farbe
nicht farblos oder fad
durchwirkt von Gottes Gnade
leuchtet es von innen.

Man möchte sich
in den
weihnachtlichen Frieden
einhüllen
wie in eine Decke.

Frieden der nicht herrührt
vom einlullenden
Musikgeplänkel –

sondern Frieden,
der in einem aufsteigt
aus dem Innersten der Seele.

Hinauf bis ans Tageslicht
des bewussten Selbst.
Das nun befriedet

atmen kann,
angekommen und angenommen
im ursprünglichsten Sein –
dem Schöpfergott der Liebe.

Es bricht sein Herz,
wenn wir seine Liebe nicht sehen.
Es bricht sein Herz,
wenn wir in Lieblosigkeit vergehen.

Es bricht unser Herz,
wenn wir Gewalttäter sind.
Es bricht unser Herz,
wenn wir nur bei uns selbst sind.

Wie sollten wir einem Gott vertrauen,
der unser Herz nicht sieht?
Wie sollten wir ihn lieben können,
wenn er unser Leben nicht versteht.

Gott ist so anders als alles, was wir sehen.
Wann fangen wir an, dies endlich zu verstehen?

Für mich ist Gott
die Existenz
des vollkommen Guten,
etwas, das der Gewalt
nicht bedarf.

Gewalt ist
der Ursprung allen Übels.
Gewaltig entreißt uns
der Tod
die Menschen, die wir lieben.

Gewaltsam
bemächtigen sich Menschen
ihrer Mitmenschen;
verzwecken und
töten deren Leben.

Ausgeliefert beschränken
uns Krankheit, Erfahrungen
und vieles mehr
der Möglichkeiten zu leben.

Wie viel Gewalttätigkeit
trauen wir Gott zu
und was hat das
möglicherweise
mit unserem gängigen
Erziehungsmodell gemeinsam?

Dem religiösen und
fanatischen Denken
wohnt der Wesenszug inne,
„Bescheid zu wissen"
und herausGEHOBEN zu sein
gegenüber der „Masse".

Man verliert die
Augenhöhe
und büßt die
Mitmenschlichkeit ein,
die doch unser aller
Zusammenleben garantiert.

Die Idee,
Gott würde
hinter mir stehen,
um irgend eine
meiner
Vorstellungen
gewichtiger aufzublasen
als sie ist
(denn was wissen
wir Menschen schon?),
halte ich für ziemlich
einsturzgefährdet.

Dass Gott aber
genau zwischen uns
allen steht,
in jede
nur erdenkliche Blickrichtung
nickt und sagt:
„ja, auch dich, geliebtes Menschenkind,
habe ich ganz wunderbar geschaffen
und werde deinen
Lebensweg mit dir gehen,
ebenso wie mit jedem anderen Menschen"

halte ich hingegen
für sehr viel wahrscheinlicher.

Die Bibel für psychisch Kranke
enthält nur einen Satz:
Ich verstehe dich
wie kein Anderer.

Du bist mein Werk
mein Augapfel.
Und näher als ich
kann niemand
deiner Selbst sein –
nicht einmal Du.

– dein Gott –

Man trägt die
Quelle des Lebens
immer nur in sich selbst.

Die ureig'ne Kraft
der Existenz pur
kann nur dem
inwendigsten
Wesen entspringen,
welches jeder, gottgewollt,
so einmalig
in sich trägt.

So liegt die Quelle
tiefster Gottheit
zugrunde gelegt
in unserer Seele.

So ist es jene Seele selbst,
die zu ihrer Zeit
den Weltraum des Irdenen verlässt
und ihren Weg gehen wird
zu der Gottheit hin,
welche sie geschaffen hat.

DER FAMILIENRAT

Jeder mag sich
den Himmel vorstellen
wie er mag.
Gott sei Dank
ist das
überhaupt kein Problem!

Für mich ist der Himmel
eine sehr lockere
fröhliche Tischrunde.
Viele wundervolle
Tiere und Pflanzen...
geniale, inspirierende Kunst und
gute, handgemachte Musik
dürfen bei einem

solchen Bankett
natürlich nicht fehlen.

Alle meine Lieben
und die Menschen,
die mir in tiefer Freundschaft
verbunden sind,
tafeln friedlich,
ja glückselig
miteinander.

Sie lachen viel,
denken an mich,
diskutieren miteinander
und sorgen sich um mein Leben;

reden mit meinem Chef,
also Gott,
wenn etwas wirklich
der Veränderung
des irdischen bedarf.

Dieser Gedanke versöhnt mich
und schenkt mir Frieden.

Es gibt die Liebe Gottes,
weil die Liebe
der Menschen nicht reicht.
Und es gibt die Liebe
der Menschen,

weil die Liebe Gottes
nicht genügt...

Der Mensch
besteht nicht nur aus
Körper, Geist und Seele.
Meines Erachtens
besteht er immer aus
Körper, Geist, Seele und Umgebung.

Denn welcher Mensch könnte sich
der unausweichlichen
Tatsache entziehen,
dass er vom ersten Moment an
in seiner Existenz und
seinem Werdegang
von dem beeinflusst wird,
was ihn umgibt.

Und wer kann sein Vertrauen
in einen Gott setzen,
der diesem Umstand nicht
mit liebevoll
sehenden Augen,
offenen Ohren
und gütigem Herzen
begegnet.

Jede Idee,
die wir vom Tod haben
ist vom Leben kreiert.
Jede Vorstellung vom
Leben nach dem Tod
ist ein Spiegelbild
des Jetzt.

Menschen,
die sich
von einer Macht
beseelt fühlen,
fühlen sich
wichtig.

Gott segnete
den Tag der Geburt
und das Ende
des Augenblicks.
Das Kommen
und das Gehen
im Spiegel der Zeit.

Wahrhaftig zu leben
macht unsterblich.
Wirklich zu Sterben
macht endlich
lebendig.

Im Spiegel des Lebens
in Raum und Zeit
des Jetzt,
dürfen wir uns
würdig erweisen

des Tages,
der Macht
unserer Geburt.

So wie es
physikalisch
vollkommen
unmöglich ist,
dass ein Mensch
zeitgleich mit mir
auf dem exakt selben
Standpunkt steht
wie ich,

ist es auch unmöglich
dass ein Mensch
in sich, geistig, spirituell
den genau selben
Standpunkt erlebt
wie ich selbst.

Das Einzige,
das wir mit
großer Gewissheit
wissen, oder zumindest

erahnen können ist,
dass niemand
genau so
fühlt, denkt, betet,
Gott und die Welt
sieht,
wie man selbst.

Heute lasse ich
alles fallen.
Solange es nicht
meine Hüllen sind!

Alle meine Hüllen
einfach mal
fallen lassen?
Wie wäre das?

Befreit atmen,
dem (verstecken) Müssen entledigt,
entkleidet der
zwanghaften
Show und Scham.

Wird es so
nicht einmal sein?
Was für eine Befreiung!

GLAUBE · HOFFNUNG · LIEBE

Die Worte,
die die Welt tragen.

Glaube,
das ist das,
was wir,
menschlich wie
wir sind,
Gott entgegen werfen dürfe.

Hoffnung,
das ist die Kraft
in unserem Herzen,
die dem Wesen Gottes
entspringt
und entspricht.

Die Liebe aber,
diese allumfassende
unbeschreibliche Liebe,
der nichts zu schwer ist,
die alles erträgt,
alles erduldet,
immer freundlich
und nie nachtragend ist;
die keinen Neid kennt.

Diese nicht eifernde Liebe,
die nie ihren eigenen
Vorteil sucht,

nicht taktlos,
unbeherrscht
und nicht eingebildet ist.

Diese Liebe,
die das Böse nicht aufrechnet,
die sich nicht am Unrecht freut
sondern wenn die Wahrheit
den Sieg davon trägt,

Diese Liebe
gilt uns Menschen.

Diese Liebe ist es,
mit der Gott uns,
seine Menschen,
unendlich liebt.

Mit diesem
geliebt sein
in der Seele
möchte er uns,
gerne schon
zu Lebzeiten, beschenken.

(Die Bibel, frei interpretiert nach 1. Korinther 13)

Ich habe Kinder
in die Welt gesetzt,
die kann ich doch
nicht im Stich lassen.

Und warum
sollte Gott dies
anders
empfinden und erleiden
als ich,
eine einfache, menschliche Mutter.

MÜNCHBERGER ALLERLEI

ZEIT ZUM LEBEN

Habe ich genug Zeit
eine Kerze anzuzünden?

Habe ich genug Muße
die Ruhe zu suchen?

Habe ich genug Mut
mir selbst zu begegnen?

Habe ich genug Kraft
mir selbst zu verzeihen?

Habe ich genug Willen
den anderen zu sehen?

Habe ich genug Zeit?
Zeit zum Leben?

Die buchstäbliche
künstlerische Freiheit
die gibt es nicht.
Viel mehr bringt sie einen
ständig an die eigenen Grenzen,
führt einen hinter das Licht
und lässt die Dinge
einfach nicht mehr
so sein
wie sie einmal waren.

Die künstlerische Freiheit,
ihr vereinnahmendes Wesen;
ganz und gar
bin ich
ihr verfallen.

Abgerissen.
Der Kontakt,
die Freundschaft,
die Liebe.

Aufgerissen.
Die alten Wunden,
die Verpackung
eines nächtlichen Abenteuers.

Eingerissen.
Der Stolz,
mein Nagel,
der Schutzfilm meiner Seele.

Zerrissen.
Meine Hoffnung aufs Neue,
meine Seele zwischen hier und jetzt,
mein Ich in mir.

Mögen mir
die schweren Tage
nicht schwerer erscheinen
als sie sind und
mögen mir
die leichten Tage
leicht gewichten
auf meiner Schulter.

Wenn ich sage,
ich sei alleinstehend,
fühle ich mich
gleich
wie ein Baum.

Zweifelsohne
hat man allein mehr Platz
zur Entfaltung.
Womöglich eine
bessere Aussicht
und weniger
Konkurrenz.
Und dann?

Ich leide am Leben.
Ist das nicht das
Normalste der Welt?

Wie viele Künstler gibt es schon,
die seicht und selig
dahinschaukeln?

Sind es nicht gerade die Künstler,
die am Leben leiden,
die am Leben zerbrechen.

Die Kunst,
der Kitt der Seele,
der alles gerade noch so zusammenhält –
so denn sie nicht zerbröselt,
zerfällt.

Noch nicht!
Die Kunst besteht
und ich in ihr.
Gott sei Dank!

Jedes Jahr ist anders
und jeder Sommer.

Dieser Monat ist anders
und kein Tag
gleicht dem anderen.

Heute wird anders sein
als alles,
was schon war,
und deine Zukunft
ganz anders
als alles, was du
heute schon kennst,
erlebt hast und liebst.

Dieser Tag und dieser Sommer –
alles ist anders.

Auf eine Möglichkeit
verzichten
kann manchmal
eine größere
Bereicherung sein
als
sie zu nutzen.

Katzen haben eine so ungezwungene Art
einem in jedem Moment zu sagen,
dass jetzt ein guter Zeitpunkt für
eine kurze Pause ist.

Ins Blaue hinein
Gedanken gedacht
davon geschwebt
auf unbestimmte Zeit

Zuflucht gefunden
ruhen lassen
was meine Seele
treibt und bestimmt

Gedanken in Blau
matt und verschwommen
schönen mein Sein

Aus tiefen Träumen
erwacht
im hier und jetzt
angekommen

Gedanken in Blau

WEISS WIE DER SCHNEE

Ach, wie gut,
dass der Schnee weiß ist –
er könnte ja auch schwarz sein.

Ja ich weiß,
manchmal ist er schwarz.

Dann, wenn die Autos drüber
gefahren sind,
oder ein paar Pferde
durch gestapft sind,
oder, wenn die Menschen
ihn betreten haben.

Und obwohl dies täglich geschieht,
ist er weiß wie Schnee,
der Schnee
und macht uns hell und licht
in dunklen Tagen
was uns umgibt.

Ach, wie gut, dass der Schnee
weiß ist.

Still

Einen Moment
war es ganz still
kein Wind
kein Blatt flattert
nichts
nur ein Donner,
noch einer
und dann...

man hört das Rauschen
näherkommender Tropfen
die Stille zerreißt...

dann der Regen
in dichten Schnüren
prasselt er nieder

Windwogen reißen
an den Blättern
die noch standhaft waren
werden gepackt
von allen Seiten
gründlich
gewaschen

Blitz und Donner
und Wasser
über mir
und ich
in ihnen
Stille

Mein Leben ist dafür gemacht,
vielen Menschen
Heimat und Behausung
zu geben.

Ich erlebe Menschen,
die zu sehr
am Leben hängen,
als dass sie
heute noch
befreit
durchatmen könnten.

Fliegende Schwäne

Als gehörten sie da nicht hin,
so sehen sie aus.
Sind doch Vögel!
Ja, große, schwere –
nicht wendig, geschmeidig.
Grazil nur im Wasser,
ein Tollpatsch am Strand.
Und doch im Flug,
das Singen der Schwingen.
Ein Hals wiegend
im Schwarm
beeindruckend schön.
Als bewegte sich doch manches,
was beschwerlich, unmöglich
zu sein erscheint
plötzlich, ungeahnte Kräfte weckend,
spielend leicht dem Himmel entgegen.

Zu viel des Guten
tut weh,
benebelt die Sinne
raubt dem Verstand
sein Gewand,
ist allein.

Zu viel des Guten
macht einsam
an der Spitze,
verliert zweisam
gleichsam
auf der Strecke.

Zu viel des Guten
zerreißt in uns
Sinn und Sollen,
Dank und Wollen,
und bleiben
wird
Nichts.

WIE DIE BLÄTTER

Laubblätter tanzen über den Boden,
über die Straßen.
Imaginäre Hindernisse
spielend leicht nehmend –
die doch nicht sind.

Sie erinnern an mich selbst.
Die ich mich quäle,
erfolglos an den Ketten zerre
die mich gar nicht fesseln.

Meine Arme,
eng
um mich geschlungen,
rauben mir
Atem und Verstand.

Worum geht es hier eigentlich?
Wo will ich hin?

Wie die Blätter tanzen
segeln, fliegen...
da wo nichts mehr mich hält
frei sein
für immer.

FRAGEN
AN UNSERE
GESELLSCHAFT

Die virtuelle Welt
der Eindrücke
ist kaum noch zu fassen
für das menschliche Herz.

Mit welchem Maßstab
findet man Orientierung,
Wahrheit und Recht?

Wenn sich alles imaginiert,
unser Urteilsvermögen
auf die Probe stellt
und alles un(an)fassbar

dafür aber
unglaublich
sichtbar –
gemacht –
wird.

Früher durfte es
keine Abweichung
von der Norm geben.
Heute gibt es keine Norm mehr
und das ganze Leben
ist eine einzige, große
Abweichung von allem
was womöglich
Halt spenden könnte.

Menschen
die aufgeben;
solchen wie
Punkt, Punkt, Punkt.
Die geraten doch wohl
oder eher übel
in Vergessenheit.

Die trifft man wieder
peinlich berührt –
kaum wiedererkannt.

Befremdet,
aber auch erleichtert
wendet man sich
einfach nur ab.

Froh, nicht mehr
hinschauen zu müssen.
Froh, dass man selbst
besser davongekommen ist.

Es jagt einem Schauer
über den Rücken.
Er, nicht ich.
Seine Haut, nicht meine.

Menschen geraten
in Vergessenheit.
Obwohl ihr
Aufgeben

doch das Gegenteil
in uns
erwirken will.

Die wirklich essentiellen Dinge
sind weder käuflich
noch bezahlbar.
Man sollte dem Umstand Geld
nicht die mögliche
sondern allenfalls die nötige
Zeit und Aufmerksamkeit
schenken.

Alles,
was einen Absolutheitsanspruch
in sich trägt,
setzt eine Entscheidung
voraus,
deren Tragkraft
man getrost
immer wieder
überdenken (können)
sollte.

Die Literatur von heute
ist
genauestens,
treffsicher,
scharfsinnig
und irrsinnig perfekt.

Ich mag sie nicht.

Demnächst
schreiben Computer
unsere Bücher.
Die wissen doch eh'
besser als wir selbst,
was wir wollen.

Oder?
Nicht doch.

Man stelle sich vor,
Kinder wüssten
was häusliche Gewalt ist.
Man stelle sich vor
sie wüssten über
Missbrauch Bescheid?

Wir lächeln uns zu
wir lächeln uns an
wir lächeln uns weg.

Wir sitzen alle
im selben Boot.
Auch weiterhin.

Die werten Geimpften
und solche,
die lieber ihrem
körpereigenen Pool vertrauen.

Jene, die genau wissen,
wie's geht
und ebenso die Zweifler und Verzweifelten.

Solche, die alles verloren haben,
sei's durch maßlose Maßnahmen;
durch Krankheit und Trauer.

Aber auch solche,
die noch einmal,
mit einem
Blauen Auge davongekommen sind
und nun trotzdem ihren Augen
nicht mehr trauen –
denn was ist mit unserer Welt passiert?

Alle in einem Boot.
Auch weiterhin.

Ein Kahn, riesengroß.
Der nur sachte sich lenken lässt
und äußerst beschwerlich nur
eine Richtung einschlagen kann.

Alle in einem Boot.
Auch weiterhin.

Unsere Welt, Unsere Gesellschaft,
Unsere Arbeit, Unsere Kollegen,
Unsere Freunde, Unsere Familie, Unsere...
Auch weiterhin.

Wo kommen wir hin,
wenn wir dies auch nur einen Moment
vernachlässigen?
Alle in einem Boot.

Wir scheitern an unserem Gesetz,
weil die Frage nach dem
Richtigen
durch das Selbige
nicht mehr vorrangig
gestellt wird.

Wenn man in die Stadt fährt
hat man immer Lust
einzukaufen
das Meer der Möglichkeiten
auszuschöpfen
die Chance etwas
zu verpassen
auszumerzen
im Rausch

versinken und
ertränken
alle Gefühle
alles Echte
alles Sein

Kommunikation –
jeder denkt
und keiner spricht

Man entscheidet selbst,
wie man die Welt sieht, lebt.
Wie wunderbar,
dass es zu allen Zeiten
Menschen gegeben hat,
die ihre Frei-Zeit
dafür hergegeben haben,
etwas zu tun,
das über ihre Sorge
um sich selbst
hinaus ging.

In einer
wewewe-Welt,
die nur noch aus
idealisierender
Selbstdarstellung

und Inszenierungen aller Art
zu bestehen scheint,
muss man ernstlich
fürchten,
dass die Liebe
zur Wahrheit,
die notwendige
gesellschaftliche
Verpflichtung zu ihr,
unbemerkt
verloren gehen könnte.

Wir haben keine
fundamentale
Wertevorstellung mehr.
Nicht einmal die sogenannten
Menschenrechte
sind sicher
vor uns sicher.

Kein Grundethos trägt unsere Kultur.

Vielmehr überlegt
und überdenkt jeder
für sich selbst
wie sehr er den Anderen
über den Tisch ziehen kann.

Wir haben es also
mit einer Horde
nichtsahnender

Halbgötter
zu tun.
Na, das ist aber
eine schöne Bescherung!

Es mag gängige
Praxis sein,
das persönliche Ansehen
zu erhöhen,
indem man andere Menschen
erniedrigt und
klein hält.

Nur zeugt das weder von
einem guten Charakter,
noch innerer Stärke
und schon gar nicht von
herausragender Kompetenz.

Ob wir Menschen
uns ganz grundlegend
als Konkurrenten oder
gute Ergänzung wahrnehmen,
mag in unserer
frühkindlichen Erziehung
begründet worden sein.

Ich bin mir allerdings
ganz sicher,
dass Hand in Hand

die Stufen des Lebens
leichter zu bewältigen sind.

Die ganze Welt ist voller
Ratschläger und Besserwisser.
Die Straßen voller Geschrei
nichtsnutziger Schwätzer.
So genau die nichts wissen,
meinen sie schon mal
einen Lösungsweg zu kennen.
Ungeachtet blanker Zellen
wird laut krakeelt,
dass selbst den Spatzen
das Pfeifen von den Dächern vergeht.
Sie wissen es, die Besseren,
und schrecken vor nichts zurück,
um es weiterhin zu bleiben.

Die Verzweckung von
Menschen, Pflanzen
Tieren,
Umständen
birgt
immer die Gefahr,
nicht gut,
nicht wahr,
nicht schön
zu sein.

Im Zweifelsfall
sollte es nicht nur
für den Angeklagten
ausgehen
sondern auch
für jeden Umstand,
der sich meinem
Verständnis,
meinem Horizont
entzieht.

Mindestabstand.
Was soll das eigentlich heißen?
Zu meinem Körper,
meiner Seele, meinem Geist?

Mindestabstand.
Zu deinem Körper,
deiner Seele, deinem Geist?

Beraubt und benommen
werden wir
der
Mindestnähe.
Unser Körper,
unsere Seele, unser Geist.

Denn ohne
konnte der Mensch
noch nie existieren

und wird auch heute
(menschlich)
nicht überleben.

Kriege wurden schon immer
zum vermeintlichen
Wohl derer,
die übrig bleiben
geführt.
Einen Krieg wie diesen
habe ich noch nie erlebt.
Er nimmt den Menschen
das Wesentlichste:
die Nähe zum Menschen.
Wie unmenschlich!

Unsere Kultur
hat kein Rückgrat mehr.
Wir korrumpieren
unsere eigenen Werte
und haben
anschließend Angst davor,
dass sie uns jemand
weg nimmt.

Ordnung,
so sagt der Volksmund,
ist das halbe
(angesehene,
anschauliche,
schützende und
unantastbare)
Leben.

Ich mag Ordnung, ehrlich.
Ordnung ist was schönes.

Dennoch komme ich
mit der
anderen Hälfte
des Lebens
auch ganz gut
zurecht.

Schließlich
hat der Mond
auch zwei Seiten.

Für mich
besteht die Welt
aus
lauter Kostbarkeiten
die es gilt
zu entdecken.

Die gesucht,
gefunden
werden wollen
in einer Fülle,
derer gewahr'
wir nur ehrfürchtig
schweigend,
andächtig
werden können.

BESCHENKT

Zu Weihnachten
eine Orange geschenkt bekommen
und sich
darüber freuen können.
Zum Abschied
eine Hand gereicht bekommen
und echte Tränen
weinen können.

Reiche Welt
ist arm.

Über den eigenen Tellerrand
hinauszuschauen
ab und zu,
ist schon sehr

elementar, wichtig
und gesund.
Sonst glaubt man
irgendwann,
der eigene Horizont
ist das Ende der Welt,
was faktisch
immer
Selbstbetrug ist.

In einer Kult-Uhr,
in der die Hälfte der Menschen
vor „Langer Weile"
fast stirbt
gerät die
elementare Wahrheit,
dass Zeit im Leben
das Kostbarste ist,
das wir haben,
in Vergessenheit.

Ich möchte ein Gespräch kaufen.
Nur, wo kann ich das noch?

Die Semmeln gibts in der Einschweißtüte,
die Fahrkarte am Automaten,
die Büchereibücher werden eingescannt
und Kaffee 24 Stunden to go.

Ich irre,
durch die Straßen des Lebens
auf der Suche
nach dem Notwendigsten nur:

Ein Lächeln im Gesicht – ein ehrliches.
Ein offenes Ohr, das nicht weghört.
Ein Du, das der Beziehung wert ist;
das hungert nach der Begegnung wie ich.

Was darf es heute sein?
Ein Gespräch bitte!

ABSPERRBAND

Für was
gegen wen
für wen
gegen was
wer wie was
wieso weshalb
warum?
Absperrband
braucht
sehr viel Hirn.

Es verunsichert,
wenn in unserem System

die Leidenschaft
am Rechthaben
größer ist
als die Leidenschaft
am Recht.

Wer – beng – bang – bung
Wer bin – beng
Ich – bang
denn – bung?
Die wissens – beng
alle – bang
besser – bung
und prasseln – beng
auf mich nieder – bang,
was das Zeug hält – bung.
Wer wär' ich – beng
ohne – bang
Wer-bung?

Eintopf

Eintopf
In den wir alles reinstopfen.
Fremdenhass und Berührungsängste,
Neues und vermeintlich Vertrautes,
Gutes und das Böse in uns.

Eintopf
In den alles reinpasst.
Die Sorge um uns selbst
mehr als um den anderen.
Die Gabe einfach weg zu sehen
die Augen zu verschließen
obwohl es uns genauso gehen kann.

Eintopf
für unsere Interessenvertreter.
Wir sind ja auch schon
arbeitslos, Rente und Rendite los
und
einfach auf dem absteigenden Ast
mit unserer Eurokrise
und der
Krise in uns.

Ein Topf
in den wir uns stopfen lassen
können!
Wenn wir uns nicht
aus Staub und Asche erheben,
uns später nicht darin wälzen wollen –
den Kopf ziehen aus dem Sand,
um dem anderen ins Gesicht
zu sehen,
der auch ich sein könnte.

Eintopf

Verschollen!

Seit Tagen wird sie vermisst
alle Spähtrupps kehrten
erfolglos zurück.

Trotz unverzüglich eingeleiteter
groß angelegter
Suchaktion
gibt es keine nennenswerte
Spur von ihr.

Die Seelen mit ihrer Menschenfreundlichkeit –
das Überlebenselixier
im Du!
Sie bleibt

verschollen!

Wenn die Bomber fliegen
ist es egal
wie er aussieht
wie er heißt
und ob er gestern noch
heimlich
ein Stück Brot
von Dir gegessen hat.

Wenn die Bomber fliegen
reicht es

wenn er noch da ist
wenn er lächelt
wenn er dich nicht
allein lässt
selbst wenn du ihn
nicht kennst.

Wenn die Bomber fliegen
ist endlich
der Nächste
dein Nächster
und endgültig
er
das Wichtigste
was du hast
und er ist.

Wenn die Bomber fliegen.

EIN WALDSPAZIERGANG
ODER: SCHÖNHEIT

Es mag etwas
schön sein oder nicht.
Es muss sich mir
immer erst
und immer wieder neu
als solches erschließen,
offenbaren.

Stärke und Wesen,
derselbst
in sich tragend,
kundtun.
Gehört,
gesehen,
gefühlt,
gesucht.

Erdacht, und
mit der größtmöglichen
Macht

als Wahrheit sich
Raum schaffend
in uns selbst.

Denn was ist schon
schön?
Gerade noch gut genug,
in Ordnung,
im Rahmen des Möglichen,
nicht so schlecht,
nicht mangelhaft,
ungenügend –
oder gar nicht erst
der Rede wert.

Es sind doch wieder wir,
die Spezies Mensch,
die die Schönheit
aus dem Staub erhebt,
und sagt:

seht her,
hier ist sie.

Schönheit,
wie noch nie gesehen,
kaum erkannt
und niemals
der Bewunderung genug.

Glanz der Sterne,
bei uns
ganz nah!

KRANKHEIT, SCHMERZ –
WEIL DAS LEBEN IST,
WIE ES IST

ECKE DES VERGESSENS

In die Ecke des Vergessens stellen
meine ruhelosen Gedanken.
Warten bis sie fallen
klirrend zerschellen

zu Nichts und Niemand
zu Schall und Rauch
zu Staub in der Suppe
der Bedeutungslosigkeit.

Dann greifen sie ins Leere
die würgenden Worte
und lassen frei
meine schwere, sanfte Seele.

Ich sammle Erinnerungen
obwohl ich keine habe.

Eigentlich aber
sammle ich Eckpfeiler,
die meinen Weg markieren,
damit ich nicht
ganz und gar verloren gehe.

Wie tief ist der Schmerz?
        Ergründe!
Wie tief?
Ergründe!
Am Boden liegend...
Ergründe!
Dem Abgrund zu nah?
Ergründe!
Kein Zurück mehr zu Nichts!
Ergründe!
Ausweglos, ruhelos!
Ergründe!
Der nicht aufhört!
Ergründe!
Nie aufhört?
Ergründe!
Wie tief ist der Schmerz?

Die Tränen,
      die nichtgeweinten,
sind die schmerzhaftesten von allen.

Die, die niemals
die staubige, unterkühlte
oder lang schon erstarrte Haut
benetzten.

Die mein Herz knebeln;
nicht aufbrechen,
aufquellen, aufweichen lassen.

Die nicht geweinten Tränen sind's,
die erahnt und angenommen
werden wollen.
Die der Aufmerksamkeit bedürfen,
der Liebkosung und des Trostes.

Die Nichtgeweinten brauchen es
in die Freiheit geführt zu werden,
damit die Seele
wieder zu atmen lernt,

dass Leben gedeihen kann,
benetzt
mit dem Wasser des Lebens.

Die Tränen
die nichtgeweinten
sind die schmerzhaftesten.

ICH BIN NOCH NICHT SO WEIT

Ich denke immer,
ich bin noch nicht so weit.
Weit – so weit?
Weit, meine Kinder loszulassen,
die ich ohnehin
niemals festhalten,
binden wollte.

Ich war so oft
noch nicht so weit.
Frau • meines Vaters,
Mutter • meiner Schwester,
Gefangene • meines Ehemanns,
meines Lebens.

Und dann noch Mutter.
Mutter meiner Wunschkinder,
meines Odem werdenen
Lebenstraums.

Ich war noch nicht so weit
meine Tochter loszulassen,
als sie mir
aus der Hand
gerissen wurde.

Ich war noch nicht so weit
unsere Geschichte
zu entbehren, lange
bevor sie auch nur
halbwegs
vollkommen
geschrieben worden ist.

Ich bin noch nicht so weit.
Mutter retrospektiv.
Endlich allein?
Lässt mich mein Tag
doch ohnehin
jeden Tag
leer zurück.

Ich bin noch nicht so weit.
Werde ich jemals
so weit sein?
Nie?

Meine Erschöpfung
Erinnert mich an
Meine Verzweiflung

Meine Verzweiflung
Erinnert mich an
Meinen Abgrund

Mein Abgrund
Erinnert mich an
Meinen Fall

Mein Fall
Erinnert mich an
Meine Erschöpfung

An einem Tag wie diesem
weiß man gar nicht,
was man tun oder lassen soll.
Da fühlt man sich
nicht nur
von allen guten Geistern verlassen.
Man verzweifelt fast daran,

ob es diese überhaupt noch gibt –
in einer Welt wie dieser

Als würden schon lange
keine Worte mehr genügen
und Farben
ließen sich auch nicht mehr finden.
So unbeschreiblich
ist dieses Meer der Verzweiflung.

Aufwachen,
jeden Tag wieder
aufwachen.
Erwachen aus
nie endenden Träumen.

Aufwachen,
überall Schmerzen
direkt unter der Haut.
Brennend und unsichtbar.

Aufwachen,
wirkungsfrei.
Was Solls.
Wieder Einschlafen.

Endlich.

Vielleicht sollte ich
die Tatsache,
dass ich vergesse,
als großartige
Möglichkeit
mutig zu handeln
betrachten,
und nicht
als Raubbau an
meinen
(Er-)Lebensschätzen.

Depression:
Im Grunde wird da
der eigene Wille entthront
und schlurft nun,
an schwere Ketten gefesselt,
durch den Alltag.

Bin Müde
schon wieder.
Und einsam
immer noch.
Und traurig
warum auch nicht?
Und verzweifelt
ohne Pause!
Fröhlich bin ich auch
manchmal.

Und glücklich...
selten
Und bei mir
nie!

Kein anderer Mensch
kann mir den Wert nehmen
den ich mir selbst gebe.

Manche Dinge
im Leben,
ob gut oder schlecht,
sind so bedeutsam,
dass sie der Beachtung
entweder bedürfen
oder sie verdienen.

Wenn ein heller Raum
wieder verstört,
und etwas zu sehen
einfach nur weh' tut.

Wenn schwarzes Licht
genehm ist
und Glanz
nur Schnee von gestern.

Wenn Trauer untrüglich
das Herz beschleicht
und nichts mehr
Nichts ist.

Schwarz will ich
und seh' ich
und brauch ich nun.

Sobald ich meinen Kopf
einschalte
tappe ich im Dunkeln.
Ganz schön finster
sind alle meine Erinnerungen
ganz gleich ob gut oder schlecht.

Sie machen sich aus dem Staub
schneller als die Polizei erlaubt
und lassen mich leer zurück
in einer dumpfen, haltlosen Welt.

Tastend nur,
darf ich mich voran bewegen.
Zappenduster.
Nichts erahnen.
Nichts gelebt und nichts gewesen.

So bestreite ich auch den heutigen Tag
in der unwirklichen Hoffnung
dieser könnte mir
nicht auch noch
geraubt werden.

So denn besteht also Nichts.
Nichts Gutes, aber auch nichts Schlechtes.

Selbst wenn ich im Dunkeln irre,
bleibt doch auch dieses Dunkel
immer nur dunkel für diesen Augenblick.

So dunkel, wie meine Nacht tagtäglich ist,
ist dieser Gedanke ein wahres Licht.
Nur ein Tag.

Der Wahnsinn ereilt mich,
bringt mich zu Fall.
Schneller als ich schaue
liege ich am Boden.

Erzwungen – einem neuen Blickwinkel.
Der Horizont eines Besiegten.
Der Macht und Kraft beraubt,
zu leben und leben zu dürfen.

Der Wahnsinn ereilt mich
schneller als ich bin.
Schneller als gedacht,
viel langsamer

als ich laufen kann
überholt,
ja überrundet er mich
dennoch.

Und plötzlich
war ich wieder allein.
Plötzlich
unvorbereitet von mir
getroffen.

Plötzlich
mein sehnlichstes
Sehnen
zum Greifen nah –
nur fasse ich
unfassbar
ins Leere.

Mit gebundenen Händen
die Nichts halten können –
Geist ohne Gefühl
Ruhe ohne Frieden
Sein ohne Ich.

Plötzlich
war ich allein
und doch umzingelter den je
von mir.
Plötzlich
Allein.

Mein Fühlen
immer ganz nah,
nah an der Nulllinie –
und nah an mir?

Alles scheint
sich vergessen zu wollen.

Wird nicht gelebt,
der Existenz beraubt
noch vor ihrem Sein.

Noch nicht mal Schein
ist sie;
nicht Staub, nicht Asche.

Tränen

Man kann diese Tränen
nicht töpfern,
nicht in Form gießen.
Sie weigern sich
vehement!

Ständig an der Schwelle
wollen sie dennoch nicht
übersprudeln.

Der Damm bricht nicht,
immer noch
hält er allem stand.

Diese Tränen leben nur in mir.

Ich klammere mich
an jeden meiner Gedanken,
verzweifelter
Hoffnung
ihn fest halten zu können
ihn nicht wegdämmern
zu spüren.

Schon verschwimmt er
vor meinem inneren Auge –
verwischte Konturen
machen Platz dem leeren Nichts.

Der Gedanke,
eine vermeintliche Erinnerung,
wird wage, unsicher;
des Vertrauens nicht mehr würdig.

Der Zweifel hält
seinen triumphalen Einzug.

Wurzeln wo seid ihr?
Erleben so sinnlos!
Träumen, wo von?

Ich klammere mich
an jeden meiner Gedanken.

Auf der Fensterbank sitzen.
Draußen nicht Nichts sehen.
Und mein Spiegelbild
glasklar und kalt,
sieht mir unweigerlich
mitten ins Gesicht –
VerSchlägt mir den Atem.

Der Moment vollkommener Starre
lähmt mich –
wohin mit mir in mir?

Mein echtes Sein,
des Seins kaum wert,
trifft mich von neuem
ganz tief in mir
IN...
ja wo denn eigentlich?
Wohin mit mir?

Diese Tränen sind glühend heiß.
Sie lassen jede Hoffnung erstarren
jede Beweglichkeit dahin.

Der Fluss will nicht mehr fließen,
die Sonne nicht mehr wärmen
und zu guter Letzt
weigert sich der Sinn
noch Sinn zu machen.

Sinnreiches fällt so schwer –
Banales fällt einem zu
in erstarrte
zu keiner Regung fähige Hände.

Was nützen einem die Füße
die keinen Weg mehr gehen.
Die Gedanken –
ihres Sinnes völlig entleert.

Wie glühend heiße Lava
brandmarken sie mein Gesicht.
Die erstarrenden Tränen.

IM NEBEL

Im Nebel verloren,
Den Emotionen
Preis-gegeben
Nieder-geworfen
Dahin-gerafft.

Seid doch mal still
ihr vielen Gefühle.
Was wollt ihr in mir?
Mich verwirren?
Leer liegen lassen?

Kann dem nicht entrinnen.
Den Stimmen längst vergangener Zeit.
Der Angst, welche mich heute
Anpeitscht, Auspeitscht,
Und schamlos ungeschützt
Zurück-lässt.

Hätte ich es besser wissen müssen?
Hat es jemand gesagt?

Tief Ent-täuscht
lehne ich mich zurück
Und falle ins Leere.

Warum nur?

Meine Tarnung
ist perfekt
und höhlt täglich
den Stein des Zerbruchs.

Bis er keinen
Widerstand mehr
leistet.

Bis er fällt,
nachgibt, verliert.
Bis er
untergeht
und niemals war.

Kenne das gut.
Wenn Wut
in Verzweiflung und
Ohnmacht umschlägt –
in stilles Entsetzen.

Willenlos sein schafft sich Raum.
Lähmung breitet sich aus.
Nichts geht mehr,
weil wirklich
nichts mehr geht.

Ohnmacht, Entsetzen und Verzweiflung!
Diese Drei,
aber die stille Verzweiflung
ist die Größte unter ihnen.

Ich ersticke
an Einsamkeit
in einem Haus
voller Menschen.

Ich komme um
vor lauter Mitgefühl
von Menschen,
die nicht fühlen.

Ich sterbe ein Leben
nichtgelebten
Seins.

Ich atme den
fahlen Geruch
von Neid, Hass und Gewalt
zugunsten derer,
die eh' schon stark sind
und gemeinsam
am Gipfel der Macht.

Ich ersticke den Tod
nichtgelebten Lebens.
Mein Sein,
dereinst
der einsamen Scham
geopfert,
zerfrisst mich heute zutiefst.

Welche Worte soll es geben
für dieses stille Schreien?

ICH STELLE MIR EINEN SPIEGEL VOR...

Ich stelle mir einen Spiegel vor,
schließe die Augen
und öffne sie wieder.
Atme tief durch.
Ein nacktes Ich.
Ich selbst stehe mir gegenüber.

Vor mir zwei Schalen.
Eine ist mit blauer Farbe gefüllt
die andere mit roter.
Ich sehe sie an –
sehe mich an
und schließe erschöpft die Augen.

Sie fühlt sich kalt an
und fast ein wenig mehlig
als ich das erste Mal
meine Finger hinein tauche.

Ich beginne zu malen.
Alle so verwundeten Stellen
werden jetzt sichtbar gemacht.
Durch meine Hand
die Taten anderer enttarnt.

Ich atme tief ein,
sauge förmlich das lebensspendende
Elixier
in mich hinein.
Ja, ich lebe noch!

Ihr könnt es jetzt alle sehen.
Mein Herzschlag wird ruhiger.

Ich schließe die Augen
und öffne sie wieder.
Mit schaulustigem Publikum
war nicht zu rechnen.

Die Farbe fängt an zu trocknen
auf meiner Haut.
Die Narben entstellen mich
auch weiterhin.

Ich bewege mich etwas –
und etwas mutiger.
Spüre,
wie Farbschichten sich spröde
von meinem Körper lösen,
zu Boden gehen.
Das macht Hoffnung.

Ich schließe die Augen
und öffne sie wieder.
Ich stelle mir einen Spiegel vor...

DANK

Ein herzliches Dankeschön gilt den Würdenträgern meines Lebensbuches:

Gott für alles, Jesus fürs Kommen, dem Heiligen Geist für die Inspiration!

Meinen Kindern, Elias, May, Manuel und Raphael. Kinder sind die besten Lehrer! Danke, dass ich bei Euch in die Schule gehen darf!

Meiner ganzen Familie Trümpelmann, insbesondere meinen Eltern Brigitte (†) und Lothar (†), meinen Geschwistern Tini († 2021), Sabine, Peter, Thomas († 2023) und JoHanna sowie meiner Nichte Larissa Mayr, danke für Eure Liebe und Freundschaft!

Simon Martens, meinem Manager und seiner wunderbaren Frau Gerda mit Familie, danke für Eure Freundschaft!

Katja Hogh, danke für das wunderbare Gemälde und für Deine Freundschaft!

Thomas Breier, danke für die Buchgestaltung!

Gerd Roßner, Wegbereiter und Wegbegleiter; danke für alles!!!

Addi Manseicher (addi-m.de) und seine wunderbare Frau Lilli, danke für Eure Freundschaft!

Andrea Scherer, danke für Deine Freundschaft, ihrem Mann Toni sowie dem Ü18 Treff in Selbitz/Schauenstein!

Kalle Rechberg und Antje, danke für Eure Freundschaft!

Mareike Ahrens, Rahel Nürnberger, Corinna Maron, Manuel Illi, Zita Dano und Andreas Ruge, Pia Kania, Birgit Wonneberger, Mara und Herbert Klemmstein, Ute Heller – danke für Eure Freundschaft!

Charlotte Triebenbacher, danke für Deine Ermutigung und Freundschaft, Gerd Richter!

Gerolf Putz und Hanelore, Bernhard Meuser.

Petra und Robert Popp sowie Carmen und Benedikt Popp mit Familien – danke für Alles!

Susanne und Bodo Haas, Sarina, Jonas und Maybelle Kießling, Margit und Markus Hertrich, Heike und Rainer Bußler, Familie Schaller/Dörre, Familie Summerer/Bauer.

Jürgen Lewandowski (danke, dass Du meinen Computer immer wieder von seinen „Krankheiten" kurierst!) und Jeanette, Mara Herder mit Familie, Rainer Köppel, Simone Brendel, Corien Verburg, Andy Lang, Harry (Waldschrat) Tröger und seine Frankorigines, Niggi Eheim, Anita Rauch und Anita Ungetüm, Hasso Vogel, Roland Rontke, Sascha Felix Grünes, Michy und Doris Willimsky, Hanna Stuhler-Dièdhiou mit Familie, Gudrun Schlegel aus unserem Dorfladen, Karlheinz und Elli Weber (danke für euer Vorbild!), Dr. Katrin Schubert und Team, Karlheinz Lindner, Jens Stübinger, Bernd Hildebrand (wie gut, dass du von Autos so viel mehr verstehst als ich!), Jason Hahn und Michael Albani (danke für euren Edelmut!), Hans-Henning Rahn, Manfred Krauß, Angelika Böhm, Michael Zerbs mit Familie, Annegret Wiedmann, Dr. Christine Rössler und Andreas Ackermann mit Familie, Christine und Frank Zöpfl mit Familie, Familie Margot und Martin Kühn.

Michael Götz und allen seinen haupt- und ehrenamtlichen Mitarbeitern, CVJM Kolleg Kassel, CVJM Burg Wernfels, CVJM Kornmarkt (Nürnberg) und Jesus Freaks Nürnberg – danke für Eure Arbeit!

zellKULTUR Nürnberg, Hoftexplosion Hof, Künstlergemeinschaft Kunstadler Schönbronn/Hof, Stadt und Kunstverein Schwarzenbach/Saale, Blaue Nacht Nürnberg, Bund fränkischer Künstler Kulmbach.

Dem Karateclub Münchberg, Karatedojo Naila, Helfen mit Musik e.V., 1. Judoclub Münchberg, Karate Schwarzenbach/Saale, die Hofer Tafel, BRK-Laden Hof, Surfclub Weißdorf, der Casa Cara Gefrees.

All denjenigen, die nie aufgehört haben, an mich zu glauben, und die ich gerade irgendwie hier vergessen habe.

Meinen Hunden Momo und Socke, sowie allen Tieren, Pflanzen und allem Geschaffenen, das mein Leben bisher berührt, begleitet und bereichert hat. Danke, dass ich von Euch jeden Tag neu lernen darf!

Mir selbst.